KB202477

한눈에 들어오는

청교도 개혁운동

정이철 지음

도서출판 디·음

부족한 제가 청교도 신앙에 관하여 연구하게 될 줄은 전혀 몰랐습니다. 저는 처음에 미국의 아이합(IHOP), 인터콥, 로마교회, 신사도 운동, 은사주의-치유사역, 오순절 운동과 방언, 부활 복음 등의 문제를 연구하고 비판하는 사람으로 알려져 있었습니다.

청교도 신앙을 가르치는 미국의 학교에 입학하여 조나단 에드워즈에 관해 연구하면서 이 일이 시작되었습니다. 에드워즈에게서 심각한 신비주의 묵상(관상기도 영성)과 오순절-신사도 유형의 괴상한 성령 현상, 즉 이단성이 나타났음을 알게 되었습니다.

그리고 에드워즈의 신앙과 사상의 뿌리인 영국 청교도들에게로 관심을 돌리게 되었습니다. 영국 청교도들의 신앙의 뿌리와 발전 과정을 어느 정도 알고 나니 더욱 더 잠잠할 수가 없었습니다. 청교도 신앙을 알지 못하면 개혁신학을 말할 수 없다고 말하는 목회자들과 신학자들이 이상해 보였습니다.

지금 한국 교회에는 별스럽게 개혁신학을 외치는 사

람들이 많습니다. 그들은 신천지의 이만희 못지않게 악하고 JMS의 정명석 정도로 악합니다. 왜냐하면 그들과 달리 전혀 의심과 비판을 받지 않으면서 왜곡된 복음을 영혼들에게 주입하기 때문입니다.

한국 교회에서 지난 수십 년 동안 청교도 신앙에 대한 맹목적인 숭배가 진행되었습니다. 그러면서 개혁신학이 한국 장로교회로부터 멀어졌습니다. 저는 바로 이 점을 알리고자 이 책을 썼습니다.

먼저 이 책을 통해 청교도들의 종교개혁 운동이 어떻게 시작되어 어떻게 성경과 칼빈의 종교개혁 신학으로부터 벗어나게 되었는지 그 대략적인 역사를 설명했습니다. 이어서 청교도들의 개혁운동 범주에 어떤 청교도 종파들이 존재했고, 그들에 의해 어떤 신학이 발전되었는지 설명하는 책을 낼 것입니다. 그 다음에 청교도들의 개혁운동의 최고의 작품인 『웨스트민스터 신앙고백』이 탄생하게 된 내력과 그것의 문제에 관해 설명하는 책을 낼 것입니다.

부족한 저의 목적은 한국 장로교회를 다시 본래의 칼빈주의(개혁신학)로 회귀하게 만드는 것입니다. 청교도주의의 모든 것이 틀렸다는 것이 아닙니다. 잉글랜드 국교회 신자들이 구원을 위해 헌신하고 적극적인 신앙 자세를 가지게 만들고자 퍼킨스와 국교회 청교도들이 붙들었던 그릇된 신학적 아이디어로 인해 종교개혁 신학이 영국의 개신교회에 바르게 안착하지 못하고 변질되었다는 사실을 설명하는 것이 저의 목표입니다.

청교도주의 신학과 목회에 빠져있는 많은 목회자들과 신자들이 저와 이 책으로 인해 당장은 기분이 나쁘겠으나, 하나님의 자녀라면 언젠가 인정하고 감사하는 자세를 보일 것으로 믿습니다. 하나님의 은혜로 참되고 올바른 종교개혁 신학으로 회귀하게 될 것이라 믿습니다.

2021년 5월 1일
정이철 목사

"한국교회는 청교도들의 경건과 믿음과 생활을 흠모해왔습니다. 그들의 신학은 완벽하다고 굳게 믿었습니다. 그러나 그들은 종교개혁의 이신칭의 교리에서 벗어나는 신학을 고안해냈습니다. 그런 신학적 고안에 대해 아무도 탐구할 생각을 못 했습니다.

청교도 윌리엄 퍼킨스와 그의 후계자들이 이신칭의 교리에서 벗어나는 신학을 제출하였고 열렬히 가르쳤습니다. 행위언약과 은혜언약, 회심준비론, 그리스도의 능동적 순종 교리들로 이신칭의 교리와 칼빈의 성경적 신학에서 개혁교회를 멀어지게 하였습니다.

청교도들이 차마 그런 일들을 했을 것으로 아무도 생각하지 못했습니다. 이들의 가르침이 개혁신학의 정당한 내용으로 자리 잡았습니다. 그동안 아무도 이런 것들을 시비하지 않았습니다. 그래서 정당한 개혁신학으로 자리 잡았습니다.

이런 문제점을 정이철 목사께서 적시하고 시비를 제기하였습니다. 어떤 역사적 상황에서 이런 일이 일어났는지를 밝혔습니다. 그리고 이신칭의 교리와 칼빈의 성경적 신학에 굳게 서기를 촉구하고 있습니다.

정이철 목사가 간결하고 명료한 필치로 제시한 청교도 신학의 문제점들을 이해하고, 토론하여 바른 귀결에 이를 수 있기를 바랍니다. 구원은 하나님의 선물이고 인간의 공로가 개입되어 이루어질 수 없습니다. 강호제현의 일독을 권합니다."

서철원 박사 (전 총신대 조직신학 교수)

"정이철 목사님의 이 책을 먼저 읽으면서, 내가 가지게 된 생각은 대부분 장로교 목회자들의 청교도주의에 대한 바른 관점을 심어주려고 힘써 노력하는 분이 있다는 것에 대한 고마움이었다. 반세기도 되지 않은 한국 교회의 청교도주의 뿌리를 파악하여 올바른 방향을 찾고 열매를 맺는데 이 책이 밑거름과 길잡이가 될 것이다. 새로운 역사적 관점에서 청교도주의를 살펴서 바른 역사관을 심으려는 정이철 목사님의 노력을 높이 평가합니다. 좋은 글 읽게 되어 기쁩니다."

라은성 박사 (전 총신대 교수)

"이 책은 청도교 신앙의 특징을 잘 설명하고 있습니다. 청교도 운동의 여러 중요한 요인들을 시간대별로 서술하고 있습니다. 이미 시중에 나와 있는 기존의 청교도 운동 연구서들과는 다른 관점에서 청교도 운동을 이야기하고 있습니다. 기존의 청교도 운동 연구와 다른 관점이 담겨 있어 독자들을 긴장시킬 것입니다. 현재 미국 미시간주에서 목회하면서 복음의 증인이 되고 있는 정이철 목사님이 코로나19 시대를 맞아 우리의 신앙을 다시 돌아보게 하는 좋은 책을 저술했습니다. 우리의 신앙의 정체성을 바로 잡는 시금석이 될 수 있기에 모든 성도들에게 본서를 적극 추천합니다."

최대해 박사 (대신대학교 총장)

"청교도 하면 생각나는 것이 '메이플라워'와 103명의 신자가 신앙의 자유를 찾아 미국 땅에 정착하게 되었다는 청교도에 대한 아름다운 이야기이다. 정이철 목사님의 "한눈에 들어오는 청교도 개혁 운동"은 그야말로 획기적인 저서이다. 청교도의 시작과 그들의 사상을 연대기적으로 잘 정리했을 뿐만 아니라 칼빈주의 개혁 사상과 장로교와의 관계 및 한국 교회에 끼친 영향까지도 해박하게 분석해내고 있기 때문이다.

아름다운 이야기의 뒤편에 있는 불편한 이야기도 말할 수 있는 정이철 목사님의 용기에 박수를 보냅니다.

한국 교회에 만연한 유사 복음과 혼합 복음을 타파하고 바른 복음으로 U턴하는 계기가 되었으면 하는 바람과 함께 계속해서 시리즈로 나오게 될 후속편도 기대합니다. "한눈에 들어오는 청교도 개혁 운동"은 한국의 모든 신학교의 학생들과 신자들의 필독서로서 손색이 없는 매우 훌륭한 책이라 생각되어 추천하는 바입니다."

이필형 박사 (대신대학교 교수)

"정이철 목사는 바른 복음에 근거한 개혁신학을 위해서 개혁자들의 신앙에 대해 열심으로 외롭게 소리쳤습니다. 이번에 또다시 큰 의미 있는 외침을 내어놓았습니다. 아무 반성 없이 청교도 신학의 호수에서 순항하던 한국교회를 향해 파문을 일으키는 큰 돌을 던졌습니다.

엘리자베스 여왕과 국교회의 탄압으로 장로교회 설립의 꿈을 포기해야만 했던 청교도들은 그 대신에 개인의 경건과 윤리를 강조하는 새로운 신학 패러다임을 만들었습니다. 국왕과 국가 종교와 충돌하지 않는 방식으로 국민들의 신앙을 변화시키는 새로운 개혁운동의 전략이었습니다. 그런 역사적 상황에서 '행위언약' 신학이 태어났음을 신학을 전공하지 않는 평신도라도 쉽게 이해할 수 있는 필치로 설명했습니다. 이 책을 통해 울려 퍼지는 저자의 외침이 작은 파문으로 그치지 않을 것을 확신하며 모두에게 일독을 권합니다."

박주석 목사 (광신대 초빙교수)

"오늘 우리의 교회와 신학은 여러 면에서 도전과 위기에 직면해 있다. 미래의 바람직한 변화의 방향 중 하나는 잘 모르거나, 잘못 알고 있으면서도 일상적으로 익숙하게 사용하는 용어와 개념에 대한 이해를 분명히 하고, 그에 기초한 실천을 모색하는 것이다. '청교도신앙'이란 말이 그중 하나라 생각한다. 많은 사람이 청교도주의가 우리 신앙의 뿌리이며, 현실에서 구현해야 할 이상이라 생각하고 있다. 그러나 정작 그에 대한 바른 이해가 부족한 것이 현실이다.

모든 신학은 특정한 역사적, 문화적 상황에서 형성되고 발전한다. 저자가 자세하게 논의한 바와 같이 청교도 신학과 신앙도 16~17세기 영국의 정치적, 역사적 상황에서 태동했다. 따라서 그러한 맥락에서 청교도주의를 이해해야 한다. 흔히 듣는 것과 같이 우리는 문자적으로 초대 교회로, 혹은 청교도 신앙으로 돌아갈 수 없다. 그 사이에는 역사적, 신학적 간격이 존재한다. 오직 비평적 고찰을 통해 그 정신과 원리를 오늘날 우리의 현실에 반영하려는 노력이 필요하다.

이런 점에서 이 책은 교회의 역사와 신학에 관한 학문적 연구의 좋은 모델이다. 저자의 주장에 대해서는 찬반양론이 있을 수 있겠으나, 그러한 논의의 실마리를 제공했다는 것만으로도 이 책이 갖는 의미가 매우 크다. 나 자신도 이 책을 읽으면서 청교도 운동의 역사와 신학에 대해 유익한 지식을 얻을 수 있었다. 더불어 저자의 진지함과 용기, 학문적 능력과 읽기 수월한 글쓰기가 인상적이었다. 이 책을 읽는 독자들에게도 큰 유익과 즐거움이 되리라 믿는다."

안건상 박사 (플러신학교 교수)

"청교도는 기독교 역사에 등장하는 가장 이상적인 신앙 모델로 알려져 왔다. 정통 교리에 대한 충실성과 삶의 실천성의 균등(symmetry)을 중요하게 여긴 점에서 그러하다. 기독교의 발전은 비평적 성찰과 창의적 고백으로 이루어진다. 이 책은 칼빈주의 관점으로 청교도가 지닌 부정적인 면을 일부 지적하는 용기를 보인다. 기독교의 발전에 이바지할 것으로 보인다."

최덕성 박사 (브니엘신학교 총장)

"한국교회 목회자들에게 청교도 신앙은 매우 긍정적인 이미지로 다가왔다. 대부분이 청교도 신앙이 개혁신학이고 정통 장로교회 신앙으로 알고 있다. 청교도를 비판적으로 다룬 책은 아직 한국교회에서 찾아볼 수 없는 실정이다.

그러나 청교도의 역사를 보면 윌리암 퍼킨스로부터 조나단 에드워즈에 이르기까지 많은 비성경적이고 반 개혁신학적인 내용들이 일어났다. 칼빈주의 개혁신학과 배치되는 회심준비론, 행위언약 등의 율법주의 사상을 가르쳤다. 한국교회에서도 청교도 신학이 개혁신학의 탈을 쓰고 최고의 정통 신학의 자리를 차지하고 있는 상황이다.

정이철 목사의 『한눈에 들어오는 청교도 개혁운동』의 출간은 한국교회에 큰 복이라고 생각한다. 청교도 개혁운동의 발전 과정과 문제점들을 쉽게 파악하게 해 주는 책이다. 이 책을 정독하면, 청교도 신학이 칼빈주의이고 최고의 정통 개혁신학이라고 말할 수 없을 것이다. 한국 교회 목회자들과 신학자들에게 꼭 이 책을 읽도록 강력히 추천하는 바이다."

진용식 목사 (한국기독교 이단상담소 협회장)

한눈에 들어오는 청교도 개혁운동

1장 청교도 개혁운동 전기   19

1-1. 헨리 8세(Henry Ⅷ, 1509~47년 재위)의 시대   21
1-2. 에드워드 6세(Edward Ⅵ, 1547~53년 재위)의 시대   26
1-3. 피의 메리(Marry I, 1553~58년 재위)의 시대   32
1-4. 엘리자베스 1세(Elizabeth I, 1558~1603 재위)의 전반기   38
   청교도주의의 배경   46
   제의 논쟁   50
   청교도 용어 등장   52
   국교회 속의 장로교회 운동   55
1-5. 청교도 개혁운동의 전기 요약   62

2장 청교도 개혁운동 후기   65

2-1. 엘리자베스 1세(Elizabeth I, 1558~1603 재위)의 후반기   68
   청교도주의 출현   71
   로이드 존스의 청교도주의 이해   79
   윌리엄 퍼킨스의 청교도 언약신학   85
   퍼킨스의 언약신학의 확산   106
2-2. 엘리자베스 여왕 전후의 영국   107
   청교도 개혁운동과 전체 영국   110
   아일랜드   111
   웨일즈   113
   잉글랜드와 스코틀랜드   115
2-3. 제임스 1세(James I, 1603~1625년 재위)의 시대   117
   국교회 청교도와 국교회 장로교회파 청교도들   119

국교회 장로교회파 청교도들   122

분리주의 청교도 개혁운동의 확산   128

국교회 독립파 청교도들   133

2-4. 찰스 1세(Charles Ⅰ, 1625~1649년 재위)의 시대   139

악명 높은 대주교 윌리암 로드   141

스코틀랜드 언약도   144

잉글랜드 내전과 웨스트민스터 총회   149

행위언약 사상의 확산   162

독립파 회중주의 청교도들의 부상   165

2-5. 올리버 크롬웰의 공화정(1649~1659) 시대   176

2-6. 찰스 2세(Charles Ⅱ, 1660~1685년 재위)의 왕정복고 시대   179

책을 덮으며   187

1. 청교도 개혁운동의 전기   187

2. 청교도 개혁운동의 후기   190

1) 청교도 개혁운동 종파들   191

A. 분리파 청교도   191

B. 장로교회파 청교도   195

C. 국교회파 청교도   196

D. 독립파 청교도   197

2) 청교도 개혁운동의 신학   198

3) 청교도 개혁운동과 전체 영국   202

맺는말   204

참고문헌   206

한눈에 들어오는 청교도 개혁운동

영국에서 일어난 청교도 개혁운동의 역사를 전체적으로 쉽고 간단하게 조망하고자 한다. 기존의 청교도 개혁운동 연구에서 시도되지 않았던 방법을 시도 한다.

청교도 개혁운동을 '전기'와 '후기'로 구분하는 것이다. 독자들이 이 책을 읽으면 왜 영국 청교도들의 개혁운동을 전기와 후기로 구분하는지 알게 될 것이다.

영국 청교도들의 개혁운동은 16, 17세기에 잉글랜드와 영국의 역사와 긴밀하게 연관되어 있다. 특히 당시 국왕들의 정책과 밀접하게 연관되어 있다. 그러므로 영국 청교도들의 개혁운동을 잉글랜드와 전체 영국을 다스렸던 왕들의 시대를 따라 순차적으로 조망하고자 한다.

- 1장 -

청교도 개혁운동 전기

한눈에 들어오는
청교도 개혁운동

1장. 청교도 개혁운동 전기

청교도 개혁운동의 전기는 수장령을 발표하여 잉글랜드 교회를 교황이 통치하는 로마교회로부터 분리시킨 헨리 8세의 시대부터 훗날 대영제국의 기초를 놓은 위대한 여왕 엘리자베스 1세의 통치 전반부까지이다.

1-1. 헨리 8세(Henry Ⅷ, 1509~47년 재위)의 시대

잉글랜드에서 청교도 개혁운동이 출현하게 된 원인은 국왕 헨리 8세가 잉글랜드 교회를 교황이 통치하는 로마교회로부터 분리시켰기 때문이다.

처음에 헨리 8세는 교황과 로마교회에 대해 매우 충성되고 헌신적인 자세를 가졌던 사람이었다. 헨리 8세는 독일에서 로마교회 신부였던 루터가 95개 조항의 반박문을 내세우면서 종교개혁을 시작할 때, 루터의 사상에 반대하는 『7 성례의 변호』(Defence of the Seven Sacraments)를 저술하여 그 당시의 교황 레오 10세(Reo X)로부터 크게 칭찬을 받기도 했다. 그때 교황은 헨리 8세에게 '신앙의 수호자'(Defender of the Faith) 칭호를 하사하였다. 서요한, 『청교도 유산』, 74.

헨리 8세와 6명의 왕비들

로마교회에 대해 지극한 충성심을 보였던 헨리 8세가 잉글랜드 교회를 로마교회로부터 분리시킨 이유는 순수하지 못하였다.

헨리 8세는 교황의 주선으로 사망한 친형 아더(Arthur)의 미망인이었던 아라곤 캐더린(Catherine of Aragon, 1485~1536)과 결혼하였다. 그러나 얼마 후 나중에 마음이 변하여 죽은 형의 아내였던 캐더린과 결별하고 새로운 여인과 결혼하기를 원하였다.

헨리 8세는 교황 클레멘트 7세(Clemens PP. VII)에게 이혼을 허락하여 달라고 요청하였다. 그런데 교황이 그의 이혼과 재혼을 허락하지 않았으므로 심각한 고민에 빠져 들었다. 캐더린이 독일 황제 찰스 5세(Charles V, 1500~1558)의 어머니와 자매지간이었으므로 교황이 독일 황제의 눈치를 살폈기 때문이다. 결국 교황은 헨리 8세의 이혼 요청을 수락하지 않았다.

라은성, 『이것이 교회사다: 진리의 재발견』, 262.

헨리 8세는 자신에게서 매우 충성하는 성직자 토마

스 크렌머(Thomas Cranmer, 1489~1556)를 캔터베리(Canterbury)의 대주교직에 임명하였다. 그가 앞장서서 자신의 이혼 문제를 가능하게 만들기 위해서였다.

크랜머는 교회의 법학자들과 대학의 교수들을 동원하여 헨리 8세와 캐더린의 결혼이 처음부터 불법이었다고 주장하였다. 앞의 책, 263. 대주교 크랜머의 도움으로 첫 부인 캐더린과 이혼하는 데 성공한 헨리 8세는 캐더린의 궁녀였던 앤 볼린(Ann Boleyn, 1501~1536)과 재혼을 한다. 그리고 교황의 간섭을 받지 않기 위해 잉글랜드의 교회를 로마교회로부터 분리하는 결정을 내리기 위해 필요한 잉글랜드 의회의 동의를 얻어냈다.

헨리 8세는 잉글랜드 교회가 교황의 통치에서 벗어나서 자신의 통치를 받는 독자적인 교회가 되었음을 선포하는 '수장령'(Act of Royal Supremacy, 1534)을 발표하였다. 서요한, 『청교도 유산』, 74.

수장령 속에는 잉글랜드 왕 헨리 8세에게 로마교회의 잘못된 것들과 이단 사상들과 잘못된 가르침들을 통제하고, 개혁하고, 금지시키는 권한이 부여되었다고 선언하는 내용과 교황처럼 교회를 통치할 수 있는 권한이 주어진다는 내용이 들어있었다. Robert Letham, The Westminster Assembly, 12.

그런데 종교개혁을 극도로 경계하는 투철한 로마 교회 신자이고 잉글랜드의 재상을 역임한 매우 영향력 있는 신하 토마스 모어(Thomas More, 1477~1535)와 로마교회의 추기경이며 명망 있는 신학자 존 피서(John fisher, 1465~1535) 등이 헨리 8세의 종교정책을 심각하게 비판하였다.

헨리 8세는 그들을 가차 없이 처형하면서 자신의 이혼과 재혼, 그리고 잉글랜드 교회를 교황과 로마교회로부터 분리시키는 일을 확고하게 추진하였다.

그러나 헨리 8세는 당시 유럽 대륙에서 이미 성공적으로 진행된 칼빈의 종교개혁 사상을 매우 경계하였다. 헨리 8세가 시행하는 잉글랜드 교회를 로마교회로부터 분리시키는 종교개혁은 순수한 신앙적 차원의 개혁이 아니었기 때문이다.

헨리 8세의 종교개혁은 사실상 자신의 재혼을 위한 정치적인 행위였다. 잉글랜드 교회를 로마교회로부터 분리시켰을지라도 여전히 헨리 8세에게 가장 중요한 것은 자신의 튼튼한 왕권이었다. 그것을 위해서는 잉글랜드 교회를 자신이 통치함으로 권력이 분산되는 것을 막아야만 했다.

헨리 8세가 로마 교황청의 통치로부터 잉글랜드 교

회를 독립시켰을지라도 그것은 정치적인 행위였을 뿐
이었다. 그래서 로마교회로부터 분리된 잉글랜드 교회
속에 그대로 남아있는 로마교회의 신학과 그릇된 요
소들을 고치는 일에는 전혀 관심을 가지지 않았다.

1539년에 헨리 8세가 인가했던 '6개 조문'(Six Ar-
ticles) 속에는 잉글랜드 교회가 로마교회로부터 분리
되었음에도 로마교회의 화체설을 부인하는 사람을 이
단으로 정죄하여 사형에 처한다는 내용도 진술되어 있
었다. 그리고 신자들이 사제들에게 죄를 고백하는 의
식까지도 그대로 유지하도록 강제하는 내용도 들어
있었다. D. M. LLoyd-Jones, The Puritans: Their Origins and
Successors, 241.

헨리 8세가 이처럼 모호한 길로 나아갈 때, 헨리 8
세를 도와서 잉글랜드 교회를 로마교회로부터 분리시
키는데 앞장섰던 크렌머는 적극적으로 반대를 표명하
지는 않았다. 그러나 마일스 커버데일(Miles Cover-
dale), 존 후퍼(John Hooper)는 헨리 8세의 모호한
종교정책에 대해 적극적으로 반대하였다.

그들은 헨리 8세의 미움을 받았고 결국 잉글랜드를
떠나 유럽으로 망명해야만 했다. 그들은 취리히(Zu-
rich)에서 쯔빙글리(Zwingli)와 불링거(Bullinger)의

신학을 접했고, 또한 제네바의 칼빈(John Calvin)에게서 종교개혁 신학을 더 많이 배울 수 있는 기회를 얻게 되었다. 그들의 그 경험이 나중에 잉글랜드의 종교개혁의 불을 더 크게 하는 계기를 만들었다. 앞의 책, 242.

1-2. 에드워드 6세(Edward Ⅵ, 1547~53년 재위)의 시대

에드워드 6세

헨리 8세는 첫째 부인 캐더린과 이혼하고 궁녀였던 앤 볼린과 재혼하여 훗날 위대한 여왕이 되는 엘리자베스를 낳게 된다. 그러나 아들을 낳지 못하는 앤 볼린에게도 실망했고 여러 이유들을 붙이면서 미워하기 시작하였다. 결국 앤 볼린에게 불륜, 근친상간, 마녀 혐의 등의 억울한 죄들을 뒤집어씌워 처형하였다. 라은성,『이것이 교회사다: 진리의 재발견』, 263.

그러나 앤 블린이 죽기 전에 낳은 딸 엘리자베스는 살아남아 어려운 시절을 보낸 후 극적으로 왕위에 올라 나중 대영제국의 기초를 닦은 크게 성공한 왕이 되었다.

앤 블린이 죽은 후 헨리 8세는 또 다른 여인 제인 세이머(Jane Seymour, 1509~37)를 부인으로 맞아들인다. 드디어 그녀에게서 그토록 기다렸던 유일한 아들 에드워드 6세를 낳게 된다. 앞의 책, 265.

헨리 8세는 생전에 자신의 후계자 문제를 명확하게 정리해 두었다. 자신의 사후 왕위 계승자로서 세이머가 낳은 아들 에드워드 6세에게 우선권을 부여하였고, 다음으로 첫 부인 캐서린이 낳은 딸 메리에게, 그 다음으로 간통 혐의로 처형된 앤 블린이 낳은 딸 엘리자베스에게 왕위 계승권이 있다고 결정해 두었다.

그래서 1547년 1월 27일 헨리 8세가 사망하자 자연스럽게 에드워드 6세가 아버지의 뒤를 이어 잉글랜드의 왕이 되었다. 앞의 책, 265~66.

에드워드 6세는 존 낙스, 토마스 크랜머 등의 개신교 지도자들에게서 충실하게 기독교 교육을 받으면서 성장하였다. 그는 어린 나이에 즉위하였으나 그의 옆에 캔터베리 대주교 토마스 크랜머와 같은 신학자가

토마스 크랜머

있었으므로 종교개혁에 공헌할 수 있었다.

에드워드 6세는 크랜머의 조언을 따라 아버지가 1539년에 승인하였던 '6개 신조'를 폐지하였다. 6개 신조 속에는 화체설, 성직자의 독신, 청빈의 서약, 사적 미사, 고해성사, 성찬식 때 떡만 주는 것 등 여전히 로마교회의 그릇된 것들을 강요하는 내용이 많이 있었다.

6개 신조가 폐지됨으로 일반 신자들에게 떡과 잔이 함께 허락되었고, 기부금을 많이 낸 사람들을 위한 사적 미사도 폐지되고, 성직자의 결혼도 인정되었다. 그리고 성직자 복장이 간소화되었고, 비성경적인 미사의 희생 제단도 개혁되었다. 서요한, 『청교도 유산』, 75.

나이 어린 에드워드 6세는 자신의 선생이며 크게 신뢰하는 크랜머에게 정치와 종교에 관한 중요한 일들을 거의 일임하였다. 라은성, 『이것이 교회사다: 진리의 재발견』, 271. 1549년 1월 크랜머의 주도로 로마교회의 미사용 책자를 대신하는 『공 예배 기도서』(book of Common

Order)가 작성되어 의회의 승인을 받았다.

이 문건은 로마교회와의 지나친 갈등을 피하기 위해 종교개혁 신학과 로마교회의 신학을 적당히 취합하는 모호한 부분이 있기는 하여도 잉글랜드 교회를 위해 영어로 작성되었다는 점에서 큰 의미를 가진다고 평가된다.

그 해에 『공 예배 기도서』를 잉글랜드의 모든 교회들이 의무적으로 사용하도록 명령하는 '통일령'도 발표하였다. 앞의 책.

1552년 에드워드 6세는 이미 발표한 『공 예배 기도서』 속에 여전히 남아있는 로마교회 요소를 제거하여 작성한 '42개 신조'(Fourty-Two Articles)를 포함하는 『제2 기도서』(The Second Prayer Book of Order)를 발간하여 모든 교회들에게 보급하였다. 엘리자베스 여왕 때 만들어지고 현재까지 영국 국교회에서 사용되고 있는 '39개 신조'(Thirty-Nine Articles)는 이때 에드워드 6세에 의해 승인된 42개 신조를 조금 개정하여 만들어진 것이다. 서요한, 『청교도 유산』, 76

나이 어린 에드워드 6세가 이러한 일들을 할 수 있었던 것은 그의 옆에 충성스럽고 신실한 크렌머가 있었기 때문이었다. 크렌머가 주도하여 작성한 『공 예배 기도

서』와 『제2 기도서』는 예배 모범으로서 매우 높은 수
준의 신학을 내포하고 있고, 표현 양식에서도 흠잡을
것이 없다는 높은 평가는 받고 있다. Robert Letham, The
Westminster Assembly, 13.

그 당시 이런 탁월한 작업이 가능할 수 있었던 다른
요인도 있었다. 그 무렵에 크랜머의 초청으로 마틴 부
쳐(Martin Buccer, 1491~1551, 독일어 본명은 Mar-
tin Butzer), 피터 마터(Peter Martyr, 1499~1562),
폴 파기우스(Paul Fagius, 1504~1549)가 잉글랜드에
서 종교개혁 신학을 가르치면서 개혁을 도왔다.

그러나 에드워드 6세 시대에는 또 하나의 새로운 문
제가 서서히 나타나고 있었다. 헨리 8세의 결혼 문제
로 탄생된 잉글랜드 국교회의 지도자가 된 사람들과
국교회를 유럽의 칼빈이 세운 교회처럼 더 확실하게
개혁하려는 사람들 사이에 서서히 긴장과 갈등이 형성
되었다.

훗날 '청교도'(Puritans)라고 불리우게 되는 사람
들, 즉 국교회의 신앙에 만족하지 않고 더욱 국교회
를 개혁하기를 원하는 사람들은 칼빈의 종교개혁 신
학을 국교회 속으로 더 많이 도입하기를 원하였다.

에드워드 6세 때 국교회를 대표하는 인물은 크랜머

였고, 국교회를 더 개혁하여 유럽에서 칼빈이 세운 종교개혁 교회처럼 만들자고 주장하는 대표적인 인물은 유럽에서 망명 생활을 하다가 돌아온 후퍼였다.

후퍼는 당시 잉글랜드 국교회 성직자들의 복장이 여전히 로마교회 사제들의 복장과 비슷하다고 날카롭게 비판하였다. 그러나 크랜머 등의 국교회의 신학 노선에 만족하는 인물들은 그것이 본질적인 문제가 아니므로 서로 싸울 필요가 없다는 입장을 취하였다. 서요한, 『청교도 유산』, 75.

사실 당시 그들 사이의 논쟁은 단순한 복장 문제에 국한된 사소한 것이 아니었다. 에드워드 6세 때에는 훗날 '청교도'라 불리우는 개혁자들의 모습과 정체성이 명확하게 등장하지 않았으나, 그들의 뿌리가 되는 개혁 사상이 형성되기 시작하였다. 그들은 그 당시 국교회 안에 여전히 존재하는 로마교회의 가르침들과 잔재들을 더욱 확실하게 개혁하자고 주장하며 국교회의 노선에 안주하는 성직자들과 서서히 대립하기 시작하였다.

국교회의 신앙을 더욱 개혁하기를 원했던 그 사람들을 부르기에 적합한 용어는 '프로테스탄트'(Protestants)라고 생각된다. 에드워드 6세가 통치할 때 이미

훗날 첨예하게 대립되는 '국교회주의'와 청교도주의
의 전조가 싹트기 시작하고 있었다.

에드워드 6세 때 성직자 복장에 관한 크렌머와 후퍼
의 대립에 대해 청교도 개혁운동에 관한 최고의 연구
자인 로이드 존스는 다음과 같이 말하였다.

"이미 에드워드 6세 때에는 청교도주의와 영국 국
교회주의 사이에 분쟁의 조짐이 현격하게 드러났습니
다. 한편에는 후퍼, 반대편에는 크렌머와 리들리가 있
었습니다." D. M. LLoyd-Jones, The Puritans: Their Origins and
Successors, 244.

1-3. 피의 메리(Marry I, 1553~58년 재위)의 시대

프로테스탄트 측 지도자들에게서 매우 환영받았던
에드워드 6세는 9살에 즉위하여 7년째 되던 해, 그의
나이 16세에 사망하였다. 에드워드 6세의 뒤를 이어 잉
글랜드의 왕이 된 사람은 헨리 8세의 첫 번째 부인이었고
독실한 로마교회 신자인 캐서린이 낳은 딸 메리였다.

메리는 아버지 헨리 8세가 자신의 어머니를 버리기
위해 정치적 종교개혁을 단행함으로 자신과 어머니가
불행한 삶을 살게 되었음을 잘 알고 있었다. 그래서
그녀는 종교개혁자들을 원수로 여겼다.

메리 여왕

종교개혁을 매우 싫어하는 잉글랜드의 최초의 여왕 메리가 등장했으므로 잉글랜드에서 종교적 파란이 일어나는 것은 피할 수 없는 일이었다.

어머니의 영향을 받아 로마교회 신자로 성장한 메리는 1553년 즉위하던 해 10월에 스페인의 로마교회 신자인 왕세자 펠리페 2세(Felipe II de Habsburgo, 1527~1598)와 결혼하였다. 라은성, 『이것이 교회사다: 진리의 재발견』, 273.

메리가 강력한 로마교회 국가 스페인의 왕자 펠리페 2세와 결혼하면 자칫 영국이 스페인과 합병될 수도 있는 상황이었다. 그래서 국교회 측 지도자들과 프로테스탄트 측 지도자들은 합심하여 메리의 결혼을 반대하였다. 심지어 로마교회 신자들까지도 국가의 위기를 느끼고 그녀의 결혼을 반대하였다.

펠리페 2세는 정략적으로 메리와 결혼했을 뿐 실질적으로 메리에게 사랑의 감정은 가지고 있지 않았다.

펠리페 2세는 메리를 보기 위해 영국에 오지도 않았고 스페인에만 머물러 있었다. 그러나 메리는 펠리페 2세를 진심으로 사랑하였으므로 로마교회를 위해 크게 헌신 되어 있는 그의 마음을 얻으려고 영국을 다시 로마교회의 나라로 만들기 위해 노력하였다.

메리는 종교개혁자들을 더욱 맹렬하게 박해하였다. 잉글랜드를 다시 로마교회 국가로 되돌리기 위해 에드워드 6세 때 발효된 종교개혁과 관련된 법안들을 철폐하였다.

토마스 크랜머(Thomas Cranmer), 니콜라스 니들리(Licholas Lidley), 휴 라티머(Hugh Latimer) 등의 국교회 측 지도자들과 존 후퍼(John Hooper), 윌리암 커버데일(William Coverdale), 존 로저스(John Rogers) 같은 프로테스탄트 지도자들이 합심하여 메리의 반종교개혁 정책에 항거하였다.

그러나 메리는 인정사정 두지 않고 종교개혁자들을 박해하였다. 크렌머, 리들리, 라티머, 로저스, 후퍼 등의 종교개혁자들 300여 명이 메리의 박해를 받아 화형으로 순교하였다. 앞의 책, 277~282.

메리의 박해를 피해 살아남기 위해 국교회 측의 인물들과 프로테스탄트 측 개혁자들은 동시에 유럽의

순교자 존 후퍼

프랑크푸르트, 취리히, 제네바로 피난하였다.

메리의 시대에는 국교회 측 지도자들과 유럽에서 정착되고 있는 칼빈의 종교개혁 교회의 신학과 제도를 더욱 본받아야 한다고 주장하는 프로테스탄트 측이 함께 고난을 받았다. 그래서 이전 에드워드 6세 때에 잉글랜드 안에서 조금씩 형성된 두 진영 사이의 긴장은 더 발전되지 않았다.

그런데 메리의 핍박을 피해 망명한 사람들이 모여든 독일의 프랑크푸르트에서 양측의 첨예한 신학적 갈등이 발생하였다.

훗날 스코틀랜드의 종교개혁을 주도하게 되는 중요한 인물 존 낙스(John Knox, 1514~1572)도 메리의 핍박을 피해 그곳으로 망명하였다. 국교회의 대표적인 인물 리처드 콕스(Richard Cox)도 그곳으로 피난하였다.

그때 프랑크푸르트에는 메리의 핍박을 피해 도주해

온 잉글랜드 사람들이 많았으므로 자연스럽게 피난민들의 교회가 시작되었다.

그 당시는 치열한 종교개혁 시대였고, 교회를 세우면 신학 노선을 확정하기 위해 예배 모범을 작성하는 것을 매우 중시하였다. 프랑크푸르트에서 시작된 잉글랜드 피난민들의 교회를 위한 예배 모범을 작성하는 과정에서 두 진영이 신학적으로 격돌하였다.

국교회 측과 프로테스탄트 측 신학 노선의 차이로 인해 메리 여왕의 핍박을 피해 본국을 떠나 피난 생활하는 곳에서 큰 충돌이 일어났다. 이 상황에 대해 로이드 존스는 다음과 같이 말하였다.

"그것은 단순한 사건이 아니고 이후 역사에서 국교회 성직자들과 국교회 성직자이면서 국교회를 칼빈의 종교개혁을 따라 더 개혁하려는 사람들 사이의 신학적 투쟁이 얼마나 치열하게 전개될 것인지를 보여주는 사건이었다." D. M. LLoyd-Jones, The Puritans: Their Origins and Successors, 246.

국교회가 추구하는 신학과 칼빈의 종교개혁의 길로 가려는 프로테스탄트들의 신학이 서로 타협될 수 없음을 깨달은 낙스는 프랑크푸르트를 떠나 칼빈이 활동하고 있는 스위스 제네바로 향하였다.

존 낙스

칼빈은 낙스를 따뜻하게 환영하였고 이후 두 사람은 깊이 교제하였다. 낙스는 칼빈으로부터 종교개혁 신학을 더 깊고 풍부하게 배웠다. 그 경험이 낙스로 하여금 훗날 자신의 조국 스코틀랜드에서 잉글랜드 국교회와는 달리 철저하게 종교개혁을 추진할 수 있게 만들었다. 낙스는 스코틀랜드에서 칼빈에게서 배운 신학을 따라 성공적으로 장로교회를 설립하게 되었다. 앞의 책.

메리 여왕의 극심한 박해로 말미암아 잉글랜드 국교회와 프로테스탄트 측의 개혁운동은 완전히 사라지는 것 같아 보였다. 잉글랜드 교회는 다시 교황의 지배를 받는 로마교회로 복귀하였다.

그런데 메리 여왕이 즉위하고 6년째 되던 해인 1558년 11월에 갑자기 메리 여왕이 죽었다. 메리가 이전의 대주교 크랜머를 쫓아내고 그 자리에 대신 임명한 로마교회의 추기경 레지널드 폴(Reginald Pole,

1500~1558)도 갑자기 그해 11월에 사망하였다. Rob-
ert Letham, The Westminster Assembly, 13.

잉글랜드에 박해의 피바람을 몰고 왔던 핵심 인물들
이 사라짐으로 잉글랜드의 상황은 갑자기 달라져 버렸다.

1-4. 엘리자베스 1세(Elizabeth I, 1558~1603 재위)의 전반기

엘리지베스 1세

청교도 개혁운동은 잉글
랜드의 일반 역사와 밀접
하게 연관되어 있다. 특히
훗날 대영제국의 기초를
만든 위대한 군주 엘리자
베스 여왕의 통치와 특히
깊은 연관을 가지고 있었
다. 엘리자베스 여왕의 종
교정책에 의해 청교도 개
혁운동의 내용과 방향이 달라지게 되기 때문이다.

1558년에 등극하여 1603년까지 잉글랜드를 통치했
던 엘리자베스 여왕의 때에 청교도 개혁운동은 중대한
변화를 경험하였다.

엘리자베스 여왕의 강력한 청교도 개혁운동 반대 정

책으로 인하여 1580년대 말 또는 1590년대 초를 기점으로 청교도 개혁운동은 크게 변화되었으므로 엘리자베스 여왕 시대의 1580년대 말 또는 1590년대 초까지를 엘리자베스 전반기로, 그리고 1590년대 초부터 1603년 엘리자베스 여왕의 사망 때까지를 엘리자베스 후반기로 나누어 살펴보는 것이 좋을 것 같다.

핍박자 메리 여왕은 자식이 없는 상태로 사망하였다. 그래서 헨리 8세가 생전에 결정한 계승권 순위를 따라 그녀의 이복 동생 엘리자베스 1세가 잉글랜드 역사의 두 번째 여왕으로 등극하였다. 엘리자베스는 헨리 8세가 잉글랜드 교회를 로마 교황청과 분리시키는 정치적 종교개혁을 일으키면서 맞이하였던 두 번째 부인 앤 블린의 딸이다.

헨리 8세는 순수하지 못한 종교개혁을 단행하면서 앤 블린을 새로운 부인으로 맞이했으나 변덕스럽게도 불륜, 근친상간, 마녀 혐의 등의 죄목들을 씌워 그녀를 처형하였다.

어머니가 억울하게 죽임을 당하였으므로 엘리자베스는 불행한 어린 시절을 보내야만 했다. 당연히 종교개혁에 대하여 좋은 인상을 가지고 있지 못하였다.

엘리자베스가 여왕으로 등극할 때, 잉글랜드는 그

이전 로마교회 신자 메리 여왕의 핍박으로 인해 헨리 8세의 종교개혁 이전의 상태로 회귀하여 다시 로마 교황청의 지배를 받고 있었다. 엘리자베스는 잉글랜드 교회가 계속 로마 교황청의 지배를 받는 상태로 남아 있게 하고 싶지도 않았고, 그렇다고 유럽에서 진행된 칼빈의 종교개혁 사상을 도입할 마음도 없었다.

　아버지를 닮아 권력욕이 강했고 정치적 수완이 탁월했던 엘리자베스는 자신의 아버지처럼 직접 잉글랜드 교회를 다스리고 통치하기를 원하였다. 그러므로 먼저 로마교회의 교황이 잉글랜드 교회를 간섭하지 못하게 만들어야 만 하였다.

　엘리자베스가 잉글랜드 교회를 다시 로마교회로부터 멀어지게 하려는 의도를 가진 것을 알고 로마교회인들은 가만히 있지 않았다. 그들은 엘리자베스 출생의 약점을 이용하여 그녀가 헨리 8세와 사형당한 앤 블린의 비합법적 결혼으로 인하여 출생한 사생아라고 공격하여 왔다. 서요한, 『청교도 유산』, 78.

　메리 여왕과 달리 엘리자베스는 프로테스탄트 배경에서 성장하였으므로 메리 여왕의 폭정을 피해 외국으로 망명하였던 개혁자들은 그녀에게 많은 기대를 가지고 있었다.

메리 여왕의 박해를 피해 유럽으로 망명하였던 개혁자들 약 800여 명이 종교개혁에 대한 소망을 가슴에 품고 잉글랜드로 귀환하였다. 서요한, 『청교도 유산』, 79. 그들은 프로테스탄트 배경에서 성장한 엘리자베스가 메리에 의하여 폐기된 에드워드 6세의 종교개혁 정책들을 이어갈 것이라고 기대하였다. D. M. LLoyd-Jones, The Puritans: Their Origins and Successors , 247.

그러나 엘리자베스의 생각은 그들과 달랐다. 외국의 망명지에서 돌아오는 종교개혁자들의 요구를 다 들어줄 수는 없다고 보았다. 남동생 에드워드 6세와 이복언니 메리가 통치할 때 일어난 정치적, 종교적 혼란을 다 알고 있었기 때문이다. 어느 한쪽을 지지하면 다른 한쪽을 처단해야만 하는 상황이 벌어지게 되고, 그러면 결국 더 큰 갈등이 일어난다는 것을 너무도 잘 알고 있었다.

엘리자베스 여왕은 이복동생 에드워드 6세와 이복언니 핍박자 메리의 종교정책의 중간노선으로 나아가기를 원하였다. 어느 한쪽을 전적으로 지지하지 않는 종교적 중용의 정책을 펼쳐 나갔다. 라은성, 『이것이 교회사다: 진리의 재발견』, 284~85.

여러 면에서 탁월한 정치인이었던 아버지 헨리 8세를

매우 많이 닮은 그녀에게 가장 중요한 것은 자신의 안
정된 왕권이었지 순수한 종교개혁이 아니었다. 그녀의
아버지가 그랬던 것처럼, 엘리자베스도 잉글랜드 교회를
로마 교황청의 지배에서 벗어나게 만드는 정책을 추진
하면서 동시에 유럽에서 진행된 칼빈의 종교개혁 신학
을 그대로 수용하자는 주장도 지혜롭게 물리쳤다.

1559년 엘리자베스는 자신이 잉글랜드와 잉글랜드
교회를 직접 통치한다는 내용의 '수장령'(Acts of
Supremacy)을 공표하여 모든 성직자들과 공무원들
로 하여금 서명하게 하였다. Robert Letham, The Westmin-
ster Assembly, 14.

수장령 공표는 엘리자베스 여왕이 국교회의 주교들
을 직접 임명함으로 교회와 국가, 두 영역의 최고 통
치자가 되는 것을 의미하고 있는 것이다.

그 내용은 1534년 그녀의 아버지 헨리 8세가 최초로
공표한 수장령과 크게 다르지 않았으나 이단들을 처
벌하는 것에 관한 내용이 추가되었다. 그리고 수장령
을 어기는 사람들의 재산 압류, 구금, 그리고 심지어
사형에 처할 수도 있도록 만들었다. 라은성, 『이것이 교회사
다: 진리의 재발견』, 287.

1559년 엘리자베스는 국가의 종교를 하나로 일치시

킬 목적으로 국교회의 예배와 기도 그리고 의식 등을
통일하기 위한 '통일령'(the Acts of Uniformity)을
공표하였다. 서요한,『청교도 유산』, 79~80.

통일령으로 말미암아 주일, 성인 축일에는 전 국민의
예배 참석이 의무가 되었고, 통일령을 위반하는 사람
들에게 부과되는 벌칙도 합법적으로 강요되었다. 결국
엘리자베스는 수장령과 통일령을 공표함으로 국가와
교회를 다스리는 최고 통치자의 자리를 확보하게 된
다. 앞의 책, 80~81.

1563년 엘리자베스는 1553년 에드워드 6세 시대의
대주교 크랜머에 의해 작성된 '42개 신조'를 개정한
'39개 신조'를 작성하여 모든 목회자들이 서명하도
록 요구하였다. 라은성,『이것이 교회사다: 진리의 재발견』, 288.

에드워드 6세 때에 공표된 42개 신조에는 칼빈의 종
교개혁 신학이 좀 더 많이 기술되었다고 평가되고 있
다. 그러나 엘리자베스가 공표한 39개 신조는 종교개
혁 신학이 약화되고 대신 로마교회 신학이 조금 더 강
조되었다고 평가되고 있다.

39개 신조 속에 프로테스탄트 신자들이 수용할 수
없는 로마교회 신앙의 요소들이 많았으므로 국교회
속의 로마교회 잔재들의 청산과 개혁을 요구하는 목

회자들이 서명하기를 거부하였다. 당시 서명하기를 거부하는 프로테스탄트 목회자의 수가 약 300여 명이었는데, 그들은 모두 목회지에서 추방되었다. 양낙홍, 『조나단 에드워즈 생애와 사상』, 23.

엘리자베스 때에 작성된 39개 신조가 이후 큰 변화를 겪지 않고 지금까지 영국 국교회의 신앙을 지탱하는 신조로 사용되어지고 있다.

1642년에 발발한 잉글랜드의 국왕의 국교회 군대와 의회의 청교도 군대가 대치하는 가운데 소집된 웨스트민스터 총회가 가장 먼저 시작하였던 일은 바로 39개 신조를 청교도들의 신앙에 맞도록 개정하는 작업이었다.

그러나 스코틀랜드 장로교회가 국교회 군대를 물리치는 전쟁에 동참하게 되었고, 스코틀랜드 장로교회의 제안으로 국교회의 39개 신조의 개정 수준을 넘어 전체 영국에서 하나의 개혁된 교회가 들어서게 만들기 위한 새로운 신앙고백을 만들게 되었다. 그것이 1647년에 채택된 웨스트민스터 신앙고백인 것이다.

엘리자베스 여왕의 종교 중도 정책으로 인하여 잉글랜드 프로테스탄트 개혁자들의 힘은 점점 위축되었다. 아버지 헨리 8세를 많이 닮은 그녀는 점점 더 능숙하게 수완을 발휘하는 성공적인 정치인으로 변하였고,

자신의 왕권 강화를 위해 국교회 주교들을 전폭적으로 지원하였다.

엘리자베스는 유럽에서 정착되고 있었던 칼빈주의 종교개혁 사상이 잉글랜드에 유입되는 것을 경계하면서 국교회가 로마교회의 신학과 칼빈의 종교개혁 신학의 중간노선을 따라가게 만드는 정책을 지속적으로 추진하였다.

영국 국교회를 더욱 철저하게 개혁하여 칼빈의 종교개혁 신앙을 따라가게 만들려는 프로테스탄트 개혁자들과 여왕의 사이는 점점 나빠져만 갔다. 영국 국교회에 여전히 남아있는 로마교회의 잔재들을 모두 청산하고 국교회의 예배를 더 성경적으로 개혁해야 한다는 개혁자들의 주장이 엘리자베스 여왕에게는 자신의 왕권을 약화시키려는 시도로 보였기 때문이다. 서요한, 『청교도 유산』, 83.

반대로 여왕으로부터 임명되어 여왕의 정책에 잘 협조하는 국교회 주교들은 엘리자베스 여왕과 더 가깝게 밀착되었다. 그들은 점점 더 많은 혜택을 누리기 시작하였다. 이전의 핍박자 메리 여왕 때에는 국교회 측과 프로테스탄트 측 모두가 생명의 위협을 받으며 고통스러운 시간을 보냈으므로 두 세력 사이에 직접적인 불화는 일어나지는 않았다.

그러나 메리 여왕이 죽은 후 왕권 강화를 위해 종교 중도 정책을 펼치는 엘리자베스 여왕의 등장으로 국교회 측 지도자들은 더 많은 이익을 누리게 되었고, 반대로 프로테스탄트 개혁자들에게는 서서히 불편과 고통이 시작되었다.

청교도주의의 배경

여기서 잠시 '청교도주의'(Puritanism)에 대해 생각해 보자. 이때는 아직 청교도주의 모습이 형성되지 않았을 때이다. 그러나 청교도주의가 나타나게 되는 상황이 조금씩 형성되고 있었다. 엘리자베스 여왕의 비호를 받는 국교회 목회자들의 길과 프로테스탄트 목회자들의 길이 확연하게 달라졌기 때문이다.

아직 청교도 개혁운동을 연구하는 학자들 사이에서 청교도주의에 대한 분명한 정의가 이루어지지 못한 것으로 보인다. 청교도주의란 쉽게 말해 유럽의 종교개혁 신학과는 다른 청교도 개혁운동의 독특한 사상과 신학이다.

잉글랜드의 청교도 개혁운동은 대륙에서 먼저 진행된 칼빈의 종교개혁이 없었다면 일어나지 못하였다. 칼빈의 종교개혁으로 유럽에서 성공적으로 자리 잡은 칼빈주의 신학이 잉글랜드 프로테스탄트 개혁자들에게 영향을 강하게 미쳤으므로 청교도 개혁운동이 일어나게 된 것이다.

그런데 잉글랜드의 청교도주의는 유럽의 칼빈주의와 유사하면서도 분명히 달랐다. 칼빈주의에서 볼 수 없는 특이한 내용들이 청교도주의에 있었다. 그러나 현재 많은 학자들이 청교도주의와 칼빈주의가 일치하는 신학과 사상이라고 주장하고 있다.

필자는 청교도주의와 칼빈주의 신학의 핵심적인 영역 속에 분명히 다른 점들이 있다고 확신하고 있다. 청교도주의를 바르게 파악하지 못함으로 그리스도의 복음이 왜곡되었다는 사실을 알리는 것이 필자의 연구의 중요한 목표인 것이다.

그러나 불행하게도 아직까지 다수의 학자들이 청교도주의와 칼빈주의가 모든 면에서 일치한다고 주장하고 있다. 칼빈주의와 청교도주의가 신학적으로 불일치하는 부분을 많이 가지고 있음에 대해 인식하는 학자는 매우 소수이다.

필자는 원죄, 칭의, 복음 전파, 언약 신학 등에서 칼빈주의와 청교도주의는 심각하게 불일치하는 내용을

가지고 있다는 사실을 증명하고 널리 알리기 위해 이
책을 통해 청교도 개혁운동에 대한 연구를 시작하였다.

청교도주의는 국교회 성직자이면서 엘리자베스 여
왕의 보호를 받는 국교회 목회자의 평탄한 길을 걷지
않고 유럽에서 정착된 칼빈의 종교개혁 교회의 신학을
추구하면서 국교회를 더욱더 개혁하려는 프로테스탄
트의 개혁자들, 후에 '청교도'(Puritans)라 불리워진
사람들에 의해 발전되었다.

그들은 누구였을까? 1570년대 후반, 1580년대 초
반부터 국교회 목회자들과 길을 달리하면서 동시에
칼빈의 신학을 추구하면서도 사실상 칼빈의 신학을
그대로 따르지 않았던 사람들이다.

리차드 그림햄(Richard Greenham)과 리차드 로
저스(Richard Rogers)가 청교도주의의 원시적인 기
초를 놓았고, D. M. LLoyd-Jones, The Puritans: Their Origins
and Successors, 239. 그리고 이들에게서 영향을 받으면서
성장한 윌리엄 퍼킨스(William Perkins)가 청교도주
의를 본격적으로 출발시키게 된다. 김재성,『청교도, 사상과
경건의 역사』, 124.

여기에 대하여서는 나중에 더 자세하게 살펴볼 기회
가 있을 것이다. 청교도주의가 태동하게 만든 초기 상

황이 엘리자베스 여왕의 초기에 시작되었다는 사실을 우리는 기억해야 할 것이다.

여왕의 비호를 받으면서 국교회 체제에 충성하는 국교회 성직자들과 같은 국교회 성직자이면서 국교회를 더 개혁하려는 프로테스탄트의 입장과 노선이 갈라지면서 나중의 청교도주의가 시작되는 여건이 무르익었다.

계속해서 엘리자베스 여왕 시대의 역사와 청교도 개혁운동의 관계를 살펴보자.

1662년 엘리자베스 여왕과 국교회를 더욱 개혁하려는 개혁자들 사이가 더 심각하게 벌어지게 만든 우연한 일이 발생하였다. 여왕이 천연두에 걸려 거의 죽을 지경에 처하였다. 엘리자베스의 국교회 우선 정책으로 인해 소외된 개혁자들은 여왕이 죽기를 기대하였다. 엘리자베스 여왕이 죽고 자신들의 뜻을 이해하고 도와줄 새로운 왕이 등장하기를 고대하였다.

그러나 여왕은 죽지 않고 건강을 회복하였다. 엘리자베스 여왕이 자신을 싫어하는 개혁자들의 감정과 분위기를 알았으므로 양측의 감정의 골이 더 깊어졌다. D. M. LLoyd-Jones, The Puritans: Their Origins and Successors, 249.

1662년 여왕은 국교회의 모든 목회자들이 다시 새

롭게 설교권을 허가받게 만드는 '통고문'(Adver-
tisements)을 발표하였다. 통고문 선포는 여왕과 국
교회 감독 중심의 체제를 잘 따르고 반항하지 않는
국교회 목회자들에게 사실상 아무런 불이익을 주지
않았다.

그러나 국교회의 신앙과 체제를 더 개혁하려는 프로
테스탄트 목회자들에게는 실질적인 불이익과 압박으
로 작용하였다. 고분고분하게 국교회 감독들의 방침
을 따르지 않으면 설교권을 다시 얻을 수 없었기 때문
이다. 라은성, 『이것이 교회사다: 진리의 재발견』, 291~92.

이때부터 서서히 프로테스탄트 목회자들 가운데 국
교회를 떠나 새로운 교회를 세울 수밖에 없다는 생각
이 조금씩 확산되기 시작하였다.

제의 논쟁

1563년 잉글랜드 청교도 개혁운동의 역사에서 매우
중요한 일이 벌어졌다. 국교회의 체제와 신학을 옹호
하는 성직자들과 국교회의 변화를 추구하는 프로테
스탄트 개혁자들 사이에 예배 의식을 거행할 때 입었던
의복에 관한 논쟁이 시작되었다. 지금으로 말하자면,
개신교 목회자들이 로마교회 신부들의 복장에서 기원

하여 조금 변형된 모습인 '로만칼라'를 입는 것에 대한 논쟁과 같은 것이라 할 수 있다.

국교회의 신학과 체제에 적극적으로 충성하는 성직자들은 예배를 인도할 때 '중백의'라 불리우는 로마교회 성직자들이 입는 의복과 매우 비슷한 것을 입고 있었다.

그러나 프로테스탄트 목회자들은 그것이 로마교회의 유물이므로 마땅히 버려야 한다고 주장하였다. 대신에 칼빈이 고안하여 착용하는 '제네바식 가운'을 입자고 주장하였다. 그리고 로마교회의 사제들처럼 성찬식 때 무릎을 꿇는 행위, 세례받을 때 십자가를 긋는 행위, '성자의 날'(saint days)이라는 로마교회의 유산 등을 폐지하자고 주장하였다. D. M. LLoyd-Jones, The Puritans: Their Origins and Successors, 249.

이것이 바로 1563년부터 1567년까지 이어진 잉글랜드 국교회 지도자들과 국교회의 프로테스탄트 목회자들 사이에서 벌어진 '예복 논쟁' 또는 '제의논쟁' 또는 '성직자 예복 논쟁'(the Vestarian Controversy, Vestments Controversy)이라 불리우는 큰 사건이다. 앞의 책.

청교도 용어 등장

국교회 감독들이 국교회를 더욱 개혁하려는 국교회의 프로테스탄트 성직자들을 부르는 호칭 '청교도'(Puritans)라는 용어도 이 논쟁의 와중에서 등장하였다.

이때부터 '청교도'라는 용어가 등장하였으므로 이제부터는 필자도 국교회를 더 개혁하려고 노력했던 프로테스탄트 목회자들을 청교도라고 부르도록 하겠다.

여왕은 겉으로는 예배의 복장에 대해서 성경에 명백한 지침이 나오지 않았으므로 자유롭게 결정할 수 있는 '비본질적인 문제'라는 입장을 취하였다. 그러나 뒤로는 국교회 감독들로 하여금 청교도들의 도전에 강력하게 대응하도록 촉구하였다. 앞의 책, 250.

여왕은 예배의 예복 문제에 대한 논쟁을 자신의 지배체제에 도전하려는 청교도들의 도발로 간주하였고 반드시 꺾어야 할 일이라고 생각하였다. 청교도들에게는 신앙의 순수성에 관한 문제였으나 여왕에게는 자신의 권력 안정과 결부된 문제로 여겨졌던 것이다. 라은성, 『이것이 교회사다: 진리의 재발견』, 290.

청교도들은 배수진을 치고 싸우는 심정으로 그 논

쟁에 임하였다. 그러나 불행히도 예복 문제를 결정하는 중대한 회의에서 청교도들은 58:59로 패배하였다.
D. M. LLoyd-Jones, The Puritans: Their Origins and Successors, 249.

불과 단 한 표의 차이로 엘리자베스 여왕과 국교회 감독들은 청교도들을 제압할 수 있는 큰 승리를 얻었다. 한 표 차이의 승리로 말미암아 여왕은 자신의 권력 강화를 위해 국교회를 잉글랜드의 국가 교회로 만들어가는 길을 견고하게 닦을 수 있게 되었다.

여왕과 국교회 주교들과의 예복 논쟁을 결정짓는 중요한 회의에서 청교도들은 단 한 표의 차이로 패배함으로 이후 개혁운동을 추진하기 위한 입지가 크게 줄어들게 되었다. 이 사실을 로이드 존스는 다음과 같이 설명하고 있다.

"엘리자베스 여왕과 국교회 주교들은 승리를 만들어 냈고, 청교도들은 1563년에 있었던 그 회의에서 다시 돌이킬 수 없는 큰 패배를 맛보았습니다." 앞의 책, 249.

한 번의 중요한 회의에서 패배했으나 청교도들은 이후에도 계속 그것이 변경되기를 위해 청원하였다. 그러나 엘리자베스 여왕은 자신이 임명한 국교회 주교들과 더욱 밀착하였고, 주교들로 하여금 자신이 추진하

로이드 존스

는 종교정책의 정당성을 지지하고 변증의 논문들과 서적들을 저술하도록 격려하였다.

1564년 국교회의 캔터베리의 대주교 조지 파커(George Parker, 1504~1575)가 여왕의 종교정책들과 국교회의 신앙을 변증하는 논문 『공시』(advertisement)를 저술하였는데, 그 속에 파커는 여왕과 국교회의 정책에 반대하는 프로테스탄트 개혁자들을 '까다로운 사람'(precisian), '지옥 불의 사람'(gehenian), '청교도들'(puritans, 청결한 사람들)이라고 조롱하는 표현을 기술하였다. 서요한, 『청교도 유산』, 54.

파커의 표현들 가운데 '청교도'라는 용어가 특히 주목을 끌었고, 이후 잉글랜드 국교회 개혁자들을 부르는 대표적인 호칭으로 자리 잡게 되었다.

참고로 말하자면, 청교도라는 용어가 이후 영구적으로 사용된 것은 아니다. 1564년부터 사용된 청교도라는 용어는 1662년에 완전하게 사라지게 된다.

1662년 찰스 2세의 통일령(Act of Uniformity)으로 인해 영국에서 청교도 개혁운동은 불법으로 규정되었고, 청교도 성직자들은 국교회로부터 완전히 추방되었다.

1662년을 기점으로 영국에서 청교도 개혁운동은 완전히 종식되고 말았다. 그때부터는 청교도라고 불렀던 호칭은 사용되지 않았고, 대신 'Non-conformists'(비국교도, 순응하지 않는 사람들)라고 불리워졌다. 앞의 책, 106.

국교회 속의 장로교회 운동

1560년대의 심각했던 제의논쟁 시대는 지나갔어도 국교회 성직자들과 국교회 청교도 성직자들의 관계는 더욱 어려워졌다. 왜냐하면 1569년부터 유럽에서 정착된 칼빈의 장로교회 제도와 사상에 대한 뜨거운 관심이 잉글랜드 국교회 성직자 청교도들에게서 일어났기 때문이다.

이것이 바로 국교회 속의 장로교회주의 청교도 개혁운동, 또는 장로교회 운동이다. 이것으로 인하여 1570년대는 청교도들과 국교회 주교들의 관계가 최악으로 치달았다.

토마스 카트라이트

1569년부터 케임브리지 대학의 신학부 교수였던 국교회의 청교도 목사 토마스 카트라이트(Thomas Cartright, 1535~1603)에 의해 국교회 속으로 장로교회 제도를 도입하여 국교회를 개혁하자는 주장이 시작되었다. 장로교회의 제도를 국교회 속으로 도입하자는 청교도들의 주장으로 국교회 측은 심각한 충격을 받았다.

당시 잉글랜드의 국교회 성직자들 가운데 1/3이 이 일로 인해 정직되었고, 그들을 따르는 많은 신자들에게 수찬정지 처분이 내려졌다. Robert Letham, The Westminster Assembly, 15. 국교회 제도를 장로교회 제도로 바꾸자는 청교도들의 주장이 여왕과 국교회 주교들에게 얼마나 심각한 충격을 주었는지, 그리고 국교회 청교도들의 장로교회 운동이 얼마나 중대한 문제였는지 알 수 있다.

카트라이트는 왜 장로교회 제도를 국교회 속으로

도입하자고 주장했을까? 그는 이전 핍박의 때에 제네바로 망명하여 칼빈과 교제하였고, 칼빈이 목회하는 장로교회의 장로제도를 체험하였다. 카트라이트는 장로교회 제도가 가장 성경적이라고 확신하게 되었다. 원종천,『청교도 언약사상: 개혁운동의 힘』, 133.

이후 카트라이트는 케임브리지 대학의 교수가 되어 사도행전을 강론하면서 학생들에게 가장 성경적인 교회의 정치와 제도는 각 교회들이 스스로 선출한 장로들에 의해 다스려지는 장로회 정치제도라고 가르쳤다. 라은성,『이것이 교회사다: 진리의 재발견』, 296.

카트라이트는 국왕이 국교회의 감독들을 임명하는 것과 달리 신자들이 목사를 직접 선택해야 하고, 각 목사들은 하나의 지역 교회를 목양하며, 신자들에 의해 선출된 장로들의 모임인 당회에 의해 교회가 통치되어야 한다고 주장하였다. 로마교회와 국교회의 성직자 제도와 달리 각 교회의 목사들은 계층적이지 않아야 하고 서로 동등한 지위를 가져야 한다고 가르쳤다. 원종천,『청교도 언약사상: 개혁운동의 힘』, 132.

엘리자베스 여왕은 카트라이트의 장로교회 운동을 자신의 권위에 대한 심각한 도전으로 여겼다. 자신이 임명한 국교회의 감독들을 각 교회의 신자들에 의해 선출되는 장로들(Presbyters)로 대치하자는 카트라이트의 주장은 국가와 교회를 동시에 통치하는 국왕의 지위를 심각하게 위태롭게 만드는 것이기 때문이었다.

1571년 카트라이트는 케임브리지 대학으로부터 파직당하였고, 동시에 그에 대한 체포령이 발표되었다. 카트라이트는 황급히 네덜란드로 도피하였고 이때부터 잠시 귀국했다가 다시 망명하기를 반복하는 험난한 개혁자의 인생이 시작되었다. 라은성, 『이것이 교회사다: 진리의 재발견』, 297.

카트라이트는 잉글랜드에서 안정되게 거주하지 못했으므로 잉글랜드에 장로교회를 세우려는 청교도들의 개혁운동은 그의 제자 존 필드(John Field), 토마스 윌콕스(Thomas Wilcocks) 등을 중심으로 추진되었다.

1572년 필드와 윌콕스는 잉글랜드 의회를 통해 엘리자베스 여왕의 국교회 중심 정책을 견제하고 장로교회 제도를 도입하기 위해 '의회에 드리는 권면'(An Admonition to Paliament)이라는 장문의 글을 작성하였다.

그 속에서 필드와 윌콕스는 국교회의 감독제도보다 유럽의 종교개혁 교회들이 수용한 장로회 정치가 가장 성경적인 교회 정치제도이며, 각 교회의 신자들이

목사를 직접 선출해야 한다고 주장하였다. 원종천,『청교
도 언약사상: 개혁운동의 힘』, 134.

필드와 윌콕스의 글 '의회에 드린 권면'으로 인해
촉발된 장로교회 제도 도입에 대한 뜨거운 논쟁은 이
후 다시 카트라이트와 국교회의 존 위트기프트(John
Whitgift, 1530~1604) 감독의 설전을 중심으로 수년

동안 이어졌다. 그러나 엘
리자베스 여왕이 청교도들
을 강력하게 탄압하여 장
로교회 운동은 아무 열매
없이 무산되고 말았다. 앞
의 책, 136.

1583년 엘리자베스 여
왕은 누구보다 청교도들
의 장로교회 운동을 싫어
하는 위트기프트를 국교

존 위트기프트

회의 최고의 자리 켄터베리의 대주교직에 임명하였다.
국교회를 장로교회로 바꾸려고 시도하는 청교도들의
개혁운동을 강하게 견제하게 만들려는 것이었다.

여왕의 기대에 부응하여 위트기프트는 청교도 목사
들을 탄압하였다. 장로교회 설립을 위해 앞장섰던 필

드와 윌콕스는 투옥되었다. 그 두 사람의 투옥은 국교회의 수장이며 국왕인 엘리자베스 여왕 체제에서 장로교회 설립을 추구하는 청교도 개혁운동이 결코 용납될 수 없음을 보여준 분명한 사건이었다. 제임스 패커, 『청교도 사상』, 71.

여왕과 위트기프트 대주교의 국교회 체제에 순응하지 않는 청교도 개혁운동의 뿌리를 뽑으려는 시도는 계속 이어졌다. 국교회의 예배 규칙서 '일반 기도문'(book of Common Prayer)에 서명하지 않은 청교도 목사들은 설교하지도 못하게 만들었다.

그것이 너무 지나치다는 잉글랜드의 변호사들의 반발이 일어나 그 정책이 조금 완화되기는 했으나, 국교회의 신학과 체제를 반대하고 장로교회 제도의 도입을 주장하는 청교도 목사들은 계속 투옥되었다. 원종천, 『청교도 언약사상: 개혁운동의 힘』, 137.

당시 국교회 성직자들 가운데 약 1/3이 장로교회 제도의 도입을 소망했던 청교도 개혁자들이었는데, 그들과 그들을 따르는 신자들이 모두 처벌받았으니 국교회가 이 일을 얼마나 엄중하게 다루었는지 알 수 있다. Robert Letham, The Westminster Assembly, 15.

1588년 장로교회 제도의 도입을 주장했던 중심인

물 필드가 사망하였다. 그리하여 국교회 조직을 장로
교회 제도로 바꾸려는 청교도들의 시도는 자연스럽게
종식되었다.

그러나 잉글랜드 청교도들 가운데 장로교회주의가
완전하게 사라진 것은 아니었다.

1643년 청교도 군대와 국교회 군대가 전쟁하고 있
는 가운데 국교회가 사라진 후 그 자리를 대체하는
새로운 하나의 개혁교회를 세우기 위해 잉글랜드 의회
가 주도하여 전국의 청교도 신학자들을 한 자리에 소
집한 웨스트민스터 총회가 개최되었다. 참석한 전체 신
학자들 151명 가운데 회중교회파 청교도(독립파) 12
명을 제외한 나머지는 대부분 장로교회파 청교도들이
었다. 서요한, 『청교도 유산』, 98.

1640년대에 열린 웨스트민스터 총회에 참가한 청교
도들 가운데 잉글랜드의 장로교회주의자들이 압도적
으로 많았다는 사실은 1580년대 말에 엘리자베스 여
왕의 극심한 박해로 인해 장로교회 운동이 공식적으
로 종결되었으나, 실제로 완전히 사라진 것은 아니었
음을 보여준다.

그때부터는 일종의 지하운동의 모습으로 장로교회
파 청교도들의 개혁운동이 이어지고 있었던 것이다.

Robert Letham, The Westminster Assembly, 15.

1-5. 청교도 개혁운동의 전기 요약

헨리 8세, 에드워드 6세, 메리 1세 여왕, 그리고 엘리자베스 1세 여왕의 치세 전반부(1580년대까지)에 진행된 청교도 개혁운동의 역사를 '청교도 개혁운동의 전기'라고 정의하는 것은 매우 좋은 시도라고 확신한다.

이 시기의 특징은 청교도 개혁운동의 고유한 신학이 발전되지는 않았다는 것이다. 헨리 8세가 자신의 이혼을 위해 잉글랜드의 교회를 정치적으로 로마교회와 분리시킨 후 자신이 잉글랜드 교회의 대표라고 선언하였다.

그렇게 탄생한 국교회 속으로 칼빈의 종교개혁 신학과 장로교회 제도를 도입하자는 것이 이 시기의 청교도 개혁운동의 가장 중심적인 논점이었다.

이 시기에는 아직 청교도 개혁운동의 독특한 신학과 사상이 등장하지 않았으나, 국교회의 체제와 신학에 만족하는 국교회 성직자들과 같은 국교회 성직자이나 그들과 대립하면서 국교회를 더욱더 개혁하려는 청교도들이 일어났다. 로이드 존스는 그들을 '국교회 청교도들'(the Anglican Puritans)이라고 불렀다. D. M. LLoyd-Jones, The Puritans: Their Origins and Successors,

254.

엘리자베스 여왕은 국교회 청교도들의 요구를 거부했고 매우 싫어하였다. 청교도들은 단지 신앙의 순수성을 위하여 주장하였으나 국교회의 수장으로서 절대적 권력을 행사하는 여왕은 그들의 주장과 요구를 자신의 권력 기반을 흔들려는 불순한 시도로 보았다.

특히 국교회 청교도들의 장로교회 운동은 여왕의 심기를 더 불편하게 만들었다. 여왕은 자신의 권력을 지키기 위해 자신이 임명한 국교회 주교들과 합세하여 청교도들을 더욱 탄압하였다.

결국 1580년대 말에 잉글랜드 국교회를 장로교회로 고치려고 시도했던 국교회 청교도들의 꿈은 공식적으로 좌절되었다. 이것이 청교도 개혁운동의 전기의 핵심 내용이다.

- 2장 -

청교도 개혁운동 후기

한눈에 들어오는
청교도 개혁운동

2장. 청교도 개혁운동 후기

청교도 개혁운동의 후기는 엘리자베스 여왕의 후반기, 대략 1590년대 부터 1662년 찰스 2세의 통일령으로 청교도 개혁운동이 불법으로 규정되고 청교도들이 추방될 때까지로 볼 수 있다.

1580년 말에 카트라이트의 제자이며 그를 대신하여 장로교회 운동을 주도하였던 청교도 존 필드(John Field)가 사망함으로 청교도들의 장로교회 운동은 사실상 종결되었다. 결국 여왕과 국교회 감독들이 큰 승리를 얻게 된 것이다.

여기까지가 청교도 개혁운동의 전기인데 국교회를 장로교회로 전환시키려는 시도가 그때까지의 핵심적인 논점이었다.

이제 더 이상 그것을 주장할 수 없게 되었다. 계속해서 장로교회 제도를 국교회 속으로 도입하자고 주장하는 사람은 잉글랜드 국교회 안에서 생존할 수 없었다. 국교회 청교도 성직자들은 완전히 절망했고 자신들의 개혁운동을 포기하거나 또는 이전과는 전적으로 다른 새로운 방향의 길을 찾아야만 하였다.

그래서 1590년대 초부터 국교회 청교도들의 개혁운

동에 큰 변화가 일어나게 되었고, 청교도 개혁운동의
후기가 시작되었다. 단순히 장로교회 제도의 도입을
주장했던 이전의 개혁운동의 논점에서 탈피하여 새로
운 개혁운동의 전략을 모색하였다. 본격적인 청교도주
의(Puritanism)가 시작된 것이다.

엘리자베스 여왕의 시대 후반기부터 전개된 청교도
개혁운동 후기에서 어떤 일들이 어떻게 전개되었는지
살펴보고자 한다.

2-1. 엘리자베스 1세(Elizabeth I, 1558~1603 재위)의 후반기

1580년대 말 그리고 1590년대 초부터 국교회의 청
교도 목회자들은 더 이상 여왕과 대립하는 일을 벌이
지 않았다. 여왕으로부터 임명된 국교회 감독들과도
투쟁하는 자세를 취하지 않았다.

이전과 같이 국교회의 체제와 제도의 개혁을 요구해
봐야 변화는 가능하지 않았고, 그것은 마치 계란으로
바위를 치는 격이었기 때문이다. 사실상 청교도 목회
자들에게는 더 이상 여왕과 국교회 주교들을 상대할
수 있는 힘이 없었다.

그래서 이후 1603년 엘리자베스 여왕이 사망할 때까

지 국교회의 청교도 목회자들은 여왕의 심기를 자극하는 일을 벌이지 않았다.

그러나 아무것도 하지 않고 그냥 시간만 보내고 있었던 것은 아니다. 청교도 목회자들은 조용히 자신들의 개혁운동을 위한 새로운 방향과 노선을 준비하였다.

엘리자베스 여왕의 후반기부터 조용하게 시작된 잉글랜드 청교도들의 개혁운동의 특징은 무엇이었을까? 그것을 간단하게 요약하면 '구원을 위한 적극적 신앙', 그리고 '개인적 경건'이다. 원종천, 『청교도 언약사상: 개혁운동의 힘』, 48.

특히 투철한 주일성수를 매우 강조하였다. 김재성, 『청교도, 사상과 경건의 역사』, 155~158. 국민 개인들이 스스로 자기의 구원을 위해 경건한 삶을 살도록 최선을 다해 노력하는 신앙 자세를 강조하기 시작한 것이다.

피터 클락(Peter Clark)과 크리스토퍼 힐(Christopher Hill)을 비롯한 많은 학자들은 1500년대 말부터 '새로운 청교도 운동'이 급부상했다고 말하였다. 그 원인이 엘리자베스 여왕의 박해로 인해 장로교회 운동이 좌절되었기 때문이라고 진단하였다. Peter Clark, English Provincial Society from the Reformation to the Revolution: Religion, Politics, and Society in Kent, 1500~1640, 166. 안상혁, 『언

약신학: 쟁점으로 읽는다』, 141. **어떤 학자들은 청교도 개혁운동의 이러한 변화를 '경건주의적 전환'이라고 표현한다.** 안상혁, 『언약신학: 쟁점으로 읽는다』, 141.

그러나 한국의 안상혁 박사는 1590년대 초부터 청교도 개혁운동에 '경건주의적 전환'이 일어났다는 진단이 정확하지 않다고 주장한다. 그 이유는 리차드 그린햄(Richard Greenham)과 같은 국교회 성직자 청교도가 이미 20년 전부터 그러한 방향의 사역을 전개하고 있었다는 것이다. 앞의 책, 142.

개인의 경건과 헌신을 중시하는 청교도 개혁운동의 목회적 특징이 1570년대 말에 그린햄에 의해 처음 나타난 것은 분명한 사실이나, 그러나 그것 자체가 청교도 개혁운동의 큰 변화를 이끌어 낸 것은 아니었다.

장로교회 운동이 엘리자베스 여왕에 의해 완전히 좌절되는 상황에 직면했다는 것이 가장 큰 원인이고, 동시에 신앙적 헌신과 경건 생활을 강조했던 그린햄의 목회의 영향을 받으면서 성장한 윌리엄 퍼킨스 같은 청교도를 통해 새로운 변화가 일어났다고 보는 것이 맞을 것이다.

그린햄과 퍼킨스의 사상에 대해서는 나중에 자세하게 살펴보게 될 것이다.

청교도주의 출현

1580년대 말에 이르러서 잉글랜드 국교회의 감독제도를 허물고 장로교회의 장로 제도를 도입하자는 청교도들의 주장은 표면적으로는 사라졌다. 그들은 여왕과 감독들이 반대하는 문제들과 주제들에 대해서는 더 이상 말하지 않고 국교회 신자들 개인의 신앙과 경건을 강조하는 방향으로 자신들의 개혁의 길을 바꾸었다.

그때부터 국교회 성직자 청교도들은 구원을 위한 헌신적 자세와 경건한 삶을 요청하고, 분명한 회심을 촉구하는 내용의 설교와 출판 사역에 힘을 바쳤다.

마치 한국의 군부독재 정권 시절에 농촌과 도시의 공장들 속으로 직접 침투하여 농민들과 도시의 시민들에게 민주주의 의식화 교육을 직접 시도했던 운동권 대학생들처럼, 그들은 국교회 주교들이 선호하지 않는 지방의 소도시들과 농촌 교구들로 찾아가서 설교하였다. 앞의 책, 141.

명목상으로 모두 국교회 신자들인 잉글랜드 국민들이 피상적이고 이름뿐인 신앙 자세에서 벗어나 자신의 구원을 위해 적극적이고 능동적인 신앙 자세를 가지도록 촉구하였다. 구원받은 신자답게 경건하게 살도록 촉구하기 위한 신학적 원리를 설명하는 책들을 출판하는 일에 힘을 쏟았다.

윌리엄 퍼킨스

1590년대 초에 출판된 윌리엄 퍼킨스(William Perkins, 1558~1602)의 『황금사슬』이라는 책이 대표적인 책이 될 것이다. 퍼킨스의 이 책은 왜 신자들이 자신의 구원을 위해 수동적인 자세에서 탈피하여 적극적으로 능동적인 자세를 가져야 하는지, 왜 구원받은 신자가 힘을 다해 경건하게 살아야 하는지 그 이유와 동기를 신학적으로 설명하고 제시하는 내용이었다.

퍼킨스는 이 책에서 그 이전까지 영국에서 본격적으로 등장하지 않았던 언약신학을 처음으로 그리고 조직적으로 구성하여 청교도 개혁운동 속으로 도입하였다.

그런데 퍼킨스가 본격적으로 도입한 언약신학은 성경의 핵심인 구원에 관한 하나님의 은혜와 주권을 훼손하는 방향으로 전개되었다. 사람과 하나님 쌍방간의 역할과 조건과 의무 수행의 결과로 구원이 주어진다는 이론을 주장하였다. William Perkins, "A Golden Chain: or, the Description of Theologie: Containing the Order of Cause of Saluation and Damnation, according to Gods Word.", 32. 원종천, 『청교도 언약사상: 개혁운동의 힘』, 47.

이 부분에 대해 나중에 자세하게 설명하게 될 것이나 간단히 말하자면, 성경은 구원을 위해 사람에게 적극적이고 헌신적인 신앙 자세를 요구하지 않는다. 구원을 받는 사람이 그렇게 행동하는 것처럼 보이기는 해도, 그것은 전적으로 성령이 불가항력적으로 죄인의 의지를 감화하고 설득하기 때문에 나타나는 복음에 대한 반응일 뿐이다. 하나님의 은혜로 말미암아 나타나는 반응이다.

그런데 퍼킨스는 구원을 위해 사람이 자기 의지로 하나님이 제시하시는 구원의 조건을 수행하게 만드는 신학적 패러다임을 만들었다. 태어나면서 자동적으로 국교회 신자가 된 국민들이 스스로 자기의 구원을 위해 분투하고 노력하게 만들면, 국교회의 체제와 제도를 건드리지 않고서도 내부로부터 일어나는 개혁을 일으킬 수 있었기 때문이었다.

그러나 퍼킨스의 사람이 구원을 위해 스스로 노력하여야 한다는 신학은 사도들과 칼빈의 신학에서 벗어나는 내용이다.

당시 잉글랜드 국민들은 태어나면서 자동적으로 국교회 신자가 되었으나 예배에 참석하는 사람들은 전체 국민의 5% 정도에 불과했다고 한다. 김재성, 『청교도, 사상과 경건의 역사』, 156. 자동적으로 국교회 신자가 된 국민들의 신앙 상태는 그저 이름뿐이었으므로 그들에게는 새로운 자극이 필요하였다.

그래서 구원을 위해 사람이 스스로 자각하고 노력함으로 이루어지는 회심을 강조하는 방향으로 퍼킨스의 신학이 전개되었다.

이것이 바로 청교도 개혁운동의 독특한 신학 노선 청교도주의의 시작이었다. 구원을 위해 사람의 헌신과 노력을 요구하고 촉구하는 청교도주의 신학이 하나님의 은혜와 주권을 강조하는 칼빈주의로부터 이탈되어 버리는 현상은 피할 수 없는 일이 되어 버렸다.

칼빈주의 신앙은 언제나 하나님의 일방적 은혜와 주권을 강조한다. 사람이 적극적인 노력으로 하나님의 구원의 은혜를 얻는다는 것은 칼빈주의 신학의 가르침이 아니다.

하나님의 은혜와 주권을 말하면서 하나님의 일방적 은혜가 아닌 사람과 하나님의 쌍방적인 노력과 의무와 조건과 역할의 결과로 얻어지는 구원을 말하는 것이 청교도주의이다.

청교도주의는 사람과 하나님의 협력과 상호 간의 의무와 역할을 강조하는 구원을 위한 '쌍방적 언약' 개념으로부터 시작되었다.

퍼킨스가 1591년에 『황금사슬』을 통해 쌍방적 개념의 언약 신학을 청교도 개혁운동 속으로 본격적으로 도입하자, 이후 그의 제자들과 후배들이 그에게서 시작된 언약 개념을 더 연구하여 발전시켰고, 그것을 목회에 적용하는 실천신학적 이론들을 개발하기 시작하였다.

그리하여 1590년대에 청교도주의의 기초가 놓이게 되었고, 급속하게 발전되었다. 안상혁 교수의 말을 들어보자.

"16세기 말부터 언약신학은 본격적으로 영국 청교도 사이에 가장 주목받는 주제가 되었다. 예를 들어, 윌리엄 퍼킨스를 비롯하여 윌리엄 에임스, 존 볼, 그리고 존 프레스톤 등과 같은 청교도 운동의 지도자들은 모두 언약 신학에 관한 중요한 저서들을 출판하였다." 안상혁, 『언약신학: 쟁점으로 읽는다』, 108.

국교회의 체제와 제도를 바꾸는 것을 포기하고 대

신 국교회 내부 신자들의 신앙을 바꾸는 새로운 개혁
운동의 정신적, 사상적 기초를 만드는 일이 1590년대
에 급속하게 이루어졌던 것이다. 퍼킨스와 그의 제자
들에 의해 각 사람이 자신의 구원을 위해 스스로 헌신
하고 경건하게 살게 만드는 개혁운동의 새로운 신학
적 패러다임이 발전되었다.

안상혁 박사의 다음의 말을 보면, 그들이 그저 이름
뿐인 국교회 신자들을 적극적이고 헌신적인 신앙 자세
를 가지도록 유도하기 위해 동원한 신학적 아이디어
가 옳지 못했음을 알 수 있다.

"1590년대부터 청교도 언약 신학 안에는 중요한 변
화가 있었는데 이것이 평신도의 태도를 이해하는데 중
요한 단서가 된다. 기존의 언약 신학은 주로 일방적
(unilateral) 성격을 강조하였다. 이와 대조적으로
1590년대부터는 쌍방적(bilateral) 언약이 강조되었는
데, 이것은 성직자의 통제권에 대해 평신도의 주도권을
행사할 수 있는 통로를 열어놓았다고 제렛은 주장한
다." 앞의 책, 142.

안상혁 박사의 이 말에서 두 가지 사실을 볼 수 있
다. 하나는 구원이 하나님의 일방적 은혜와 주권에 기
초한다는 칼빈의 언약 개념이 뒤로 밀려나고 대신 하

나님과 사람의 쌍방적 조건에 의해 구원이 주어진다는 비성경적인 언약 개념에 당시 국교회 청교도들이 매료되었다는 것이다.

성경의 언약은 하나님이 택하시어 은혜로 구원하신 사람을 영원히 자기의 백성으로 남게 하고, 하나님 자신도 영원히 그 백성의 하나님이 되시고자 하나님의 일방적 주권적으로 주시는 언약이다. 성경의 하나님의 언약을 하나님과 사람의 쌍방적 개념으로 설명하는 순간 구원론이 성경에서 빗나가 버린다.

안상혁 박사의 말을 통해 알 수 있는 또 하나의 사실은 청교도들의 쌍방적 개념의 언약 신학으로 인해 국교회 평신도들의 신앙의 자세에 변화가 일어났다는 사실이다. 쌍방적 언약 개념이 왜 국교회 신자들의 고위 성직자들을 향한 태도에 변화를 일으켰을까?

국교회는 엘리자베스와 다른 왕들이 임명한 감독들에 의해 지배되는 종교이었다. 국교회 신자들은 철저하게 감독들의 지배를 받았다. 그들의 신앙 자세의 특징은 언제나 수동적이고, 피동적이며, 그리고 무기력하고 나태하다는 것이었다.

이전에 국교회 청교도들은 국교회의 제도를 장로교회 제도로 바꾸어 국교회 신자들의 이런 점들을 고치려는 개혁운동을 시도했었다. 그러나 그것은 왕의 권력을 분산시키는 것이므로 왕의 반대와 박해로 철저하게 실패할 수밖에 없었다. 그래서 국교회의 감독 중심의 체제를 건드리지 않고 국교회 신자들의 신앙 자세를 바꾸는 개혁운동을 시도하게 되었다.

개인의 신앙 자세를 바꾸는 개혁운동을 위해서는 그것을 지지하는 새로운 신학적 패러다임의 전환이 일어나야만 했다. 그 일을 주도한 사람이 퍼킨스였던 것이다. 퍼킨스가 앞장서서 사람이 자기의 구원을 위해 스스로 노력하기를 촉구하는 하나님과 사람의 쌍방적 행위언약 개념을 도입하였다. William Perkins, "A Golden Chain: or, the Description of Theologie: Containing the Order of Cause of Saluation and Damnation, according to Gods Word.", 32. 원종천, 『청교도 언약사상: 개혁운동의 힘』, 47.

그러므로 청교도 개혁운동 후기에 본격적으로 나타난 청교도주의는 신학적으로 칼빈주의와 완전히 무관하지는 않았으나, 하나님의 은혜와 주권을 절대적으로 강조하는 칼빈주의와 같을 수가 없었다.

결과적으로 개인들의 신앙 자세와 생각과 의식을 바꾸기를 시도했던 국교회 청교도들의 새로운 개혁운동은 성공적이었다.

1642년에 국교회 측과 청교도 측의 사활을 건 전

쟁, 잉글랜드 내전(청교도혁명)이 일어나게 된 원인은 청교도들의 새로운 신학적 패러다임에 기반하는 개혁 운동의 영향으로 신앙 의식이 깨어나고 변화된 많은 시민들이 사회의 여러 분야에 진출하여 주도적인 역할을 하고 있었기 때문이었다.

로이드 존스의 청교도주의 이해

그러나 아직까지 개혁교회의 다수의 신학자들이 청교도주의의 핵심을 파악하지 못하고 있다. 여전히 청교도주의와 칼빈주의 신학이 일치하는 신학이라고 말한다.

개혁교회의 큰 존경을 받고 있고 청교도 신학 연구의 대표자 로이드 존스도 다음과 같이 청교도주의에 대해 말하였다.

"국교회 청교도들(그들을 호칭하기 위해 내가 선택한 용어이다)은 어떻게 대응했습니까? 도덕과 목회적인 가르침들, 그리고 목회적 실천신학으로 자신들의 관심을 바꾸어야 할 상황이었습니다. 전체 잉글랜드 국교회를 장로교회로 고치려는 시도, 소위 고전적 청교도 개혁운동으로 불리웠던 것은 완전히 실패로 결론 났습니다.

그래서 그들은 일반적인 프로테스탄트 신학에서 벗어나지 않으면서 목회적 실천신학과 목회를 위한 가르침(이론)들에게 관심을 집중하기 시작했습니다. 바로 이것이 바실 홀(Basil Hall) 교수가 청교도주의라고 정의하는 것입니다. 그는 오직 그것만을 청교도주의라고 주장합니다." D. M. LLoyd-Jones, The Puritans: Their Origins and Successors, 254.

국교회 신자인 바실 홀 교수는 자유주의적인 개신교 에큐메니즘 신학을 추구하는 사람이었으나 김재성, 『청교도, 사상과 경건의 역사』, 316. 청교도주의에 대해서 바르게 파악한 학자이었다. 홀 박사는 국교회 성직자 청교도들의 장로교회 운동이 완전히 좌절된 후 국교회 제도를 변화시키지 않고 국교회 신자 개개인들의 신앙과 삶을 변화시키는 방향의 새로운 개혁운동 전략과 함께 청교도주의가 본격적으로 시작되었다고 바르게 보았다.

그러나 로이드 존스는 청교도주의를 지나치게 방만하게 보는 시각을 고집하였다. 그는 성경을 영국인들의 언어로 번역했던 순교자 윌리엄 틴데일(William Tyndale, 1494~1536)로부터 청교도주의가 시작되었다고 주장하였다. 앞의 책, 240.

윌리엄 틴데일

그러나 틴데일은 로마교회를 상대로 투쟁하면서 실종되어 버린 사도들의 복음을 복원하려고 분투했던 영국의 종교개혁 초기의 선각자였다. 그는 유럽의 종교개혁을 보고 용기를 얻은 헨리 8세가 자기 결혼을 위해 영국 교회를 로마교회로부터 어중간하게 분리함으로 생겨난 잉글랜드 국교회를 더욱 철저하게 개혁시키기 위해 노력했던 사람은 아니다.

로이드 존스처럼 청교도주의를 설명한다면 청교도주의는 영국의 일반적인 종교개혁의 신학과 정신을 의미하는 말이 되어 버린다.

이미 설명한 것처럼, 영국의 청교도주의는 영국의 종교개혁 시초부터 형성된 것이 아니고 1560년대부터 서서히 형성되었다. 국교회의 길에 만족하고 충성하는 성직자들과 같은 국교회 성직자이면서 국교회를 유럽의 칼빈의 종교개혁 교회처럼 더욱더 개혁하려는 청교도 목회자들의 길이 확연하게 갈라지면서 청교도주의가 태동될 준비가 이루어졌다.

 1562년 엘리자베스 여왕이 국교회 청교도 성직자들의 설교권을 빼앗아버리려는 의도로 발표한 『통고문』(Advertisements) 라은성, 『이것이 교회사다: 진리의 재발견』, 291~92., 그리고 1663년부터 시작된 '성직자 예복 논쟁'(the Vestarian Controversy, Vestments Controversy)이라 불리우는 사건으로 인하여 국교회에 충성하는 성직자들과 국교회를 더 개혁하기를 원하는 청교도 목회자들의 노선이 완전히 갈라졌다. D. M. LLoyd-Jones, The Puritans: Their Origins and Successors, 249. 그리고 1670년대 초부터 1680년대 말까지 진행된 국교회를 장로교회로 고치려는 장로교회 운동으로 양측은 돌이킬 수 없을 정도로 멀어졌다.

 그때까지 국교회 청교도 목회자들은 자신들만의 고유한 신학과 사상을 발전시키지 않았다. 단지 국교회의 제도와 체제를 장로교회로 바꾸는 것이 그들의 유일한 목적이었고 관심사이기도 하다.

 1580년대 말, 국교회의 체제를 장로교회 체제로 고치는 것이 완전히 불가능한 것으로 결론이 났다. 그들은 개혁운동의 새로운 방향을 모색하기 위해 고민하였다. 국교회의 제도와 체제를 바꾸는 것이 불가능해

졌음을 인정하고, 대신 국교회 신자들의 신앙을 개혁
시키는 방향으로 전략을 바꾸었다. 그들의 새로운 방
향의 개혁운동 사상과 정신이 청교도주의로 발전되었
다는 사실을 우리는 바르게 이해해야 한다.

그러나 청교도들의 신앙과 사상을 무비판적으로 흡
수했다고 평가되는 최고의 청교도 신학 연구자 로이
드 존스는 바실 홀 교수가 견지하는 청교도주의에 대
한 올바른 정의를 거부하였다. 로이드 존스는 바실
홀 교수가 주장했던 청교도주의에 대한 관점을 이렇게
비판하였다.

"잉글랜드 국교회 중심으로 청교도주의를 정의하려
는 시도가 있는데, 그것은 청교도주의가 1570년대 후
반, 1580년대 초반의 인물들인 리처드 그린햄(Richard
Greenham, 1594년 사망)과 리차드 로저스(Richard
Rogers)에 의해 시작되었고, 17세기 초까지 살면서 활
동했던 위대한 국교회 청교도 윌리엄 퍼킨스(William
Prekins)에 의해 정교하게 발전되었다는 것입니다 ….
(중략) 그러나 나는 우리가 청교도주의를 그렇게 이해
한다면, 청교도주의의 가장 본질적인 특징을 배제하는
우를 범하는 것이라 생각합니다." 앞의 책, 239.

청교도주의의 바탕이 형성되는 데 중요한 역할과 기

여를 했던 두 사람은 국교회의 성직자이었던 그린햄과 로저스이었다. 이들이 어떻게 청교도주의의 바탕을 준비했는지 나중에 퍼킨스의 신학과 사상을 살펴볼 때 조금 더 자세하게 언급하게 될 것으로 생각한다.

그 두 사람의 영향을 받은 퍼킨스에 의해 1590년대 초부터 청교도주의가 본격적으로 시작되었다. 퍼킨스의 그 이전까지의 행적에 대해서는 많이 알려지지 않았다.

퍼킨스는 처음에 케임브리지 대학 신학부 교수이었던 카트라이트에게서 장로교회 제도에 대한 강의를 듣고 잉글랜드 국교회에 장로회 정치를 도입해야 한다고 생각하였던 국교회의 청교도 성직자이었다. 그는 국교회를 장로교회 체제로 고치려고 가장 앞장섰던 카트라이트의 제자 존 필드와 함께 장로교회를 잉글랜드에 세우기 위해 노력하기도 하였다. 원종천,『청교도 언약사상: 개혁운동의 힘』, 137.

1580년대 말, 잉글랜드 국교회를 장로교회로 전환시키려는 청교도들의 꿈이 완전히 무너졌을 때 개혁운동의 새로운 방향과 전략을 가장 먼저 제시한 사람이 퍼킨스이었다. 퍼킨스에 의해 새로운 청교도주의 깃발이 높이 올려지기 시작하였다.

청교도주의와 관련하여 퍼킨스는 너무도 중요한 인

물이므로 나중에 더 자세하게 살펴볼 것이다. 여기서는 그가 했던 중요한 일들을 간략하게 언급하고자한다.

윌리엄 퍼킨스의 청교도 언약신학

1590년대 초 퍼킨스는 국교회 청교도들의 새로운 개혁운동을 위한 신학적, 사상적 패러다임을 준비하였다. 퍼킨스가 최초로 언약신학을 본격적으로 도입했는데, 그것이 이후 새로운 청교도 개혁운동의 신학적 동력원으로 작용하였다.

퍼킨스가 본격적으로 도입한 '행위언약'(the Covenant of Work)과 '은혜 언약'(the Covenant of Grace) 개념이 국교회 청교도들의 개혁운동의 중요한 촉매제가 되었다. 원종천,『청교도 언약사상: 개혁운동의 힘』, 35, 40.

성경은 분명히 하나님과 사람의 언약에 대해 말하고 있다. 언약이란 하나님이 자기를 찬송하는 자기 백성을 확실하게 가지시기 위해 백성으로 부르신 자들에게 자기의 인격을 걸고 주시는 영원한 구원의 약속이다. 택하신 자기 백성의 영원한 하나님으로 남고자 하나님이 자기의 인격을 걸고 스스로에게 맹세하는 형식이기도 하다.

하나님께서 은혜로 택하시고 구원하신 자기 백성에게 자기의 인격을 걸고 언약을 주시니, 그 백성에게는 하나님의 신실하심으로 말미암아 영원한 구원이 보장되는 것이다.

심지어 그 백성이 그 언약에 대해 신실하지 못할지라도 하나님이 자기의 인격을 걸고 그의 영원한 하나님이 되시기로 약속하셨으므로 하나님과 그 백성의 관계는 영원할 수밖에 없다. 서철원, 『하나님의 구속경륜』, 89~90.

하나님께서는 첫 사람 아담에게 주신 언약은 '첫 언약'이다. 첫 언약을 통해 하나님은 자기 백성으로 영생과 함께 창조하신 아담을 영원히 자기 백성으로 삼으셨다. 하나님께서도 영원히 변치 않는 아담의 하나님이 되시기로 정하셨다. 앞의 책, 23.

아담이 선악과를 범함으로 하나님을 배반하여 첫 언약이 파괴되었고, 아담은 언약을 파기한 죄로 회개가 소용없는 영원한 죽음에 처해지게 되었다.

그러나 하나님은 범죄한 아담을 회복하여 자기 백성으로 삼아야 할 책임을 스스로 지시기로 작정하셨다. 왜냐하면 이미 자기의 인격을 걸고 스스로 자신이 아담의 영원한 하나님이 되신다는 언약을 주셨기 때문이다.

그래서 하나님은 스스로 아담의 죄 값을 지불하시

기 위해 사람이 되시었다. 예수 그리스도의 피로 아담의 죄를 해결하셨고, 그 피를 증거 삼아 자기 백성과 영원한 새 언약(렘 31:31, 눅 22:20)을 체결하심으로 파손된 아담과의 첫 언약을 회복하셨다. 앞의 책, 4.

개혁신학의 기초를 구성한 종교개혁자 칼빈도 성경의 언약에 대해서 모르지 않았다. 굳이 칼빈의 실수를 말한다면, 성경의 언약을 신학적으로 자세하게 체계화하지 않아 이후 개혁신학자들이 따라야 할 선명하게 안내할 길을 제공받지 못했다는 것이다. 서철원, 『인간론』, 169.

칼빈이 성경의 언약 개념을 바르게 이해하였다는 것은 분명한 사실이다. 칼빈은 언제나 하나님의 은혜와 주권 안에서 언약을 설명하였다.

오늘날 개혁신학에서 정설로 여겨지고 있는 하나님과 사람의 구원에 관한 쌍방적 역할, 조건, 의무에 관한 언약 개념은 완전히 비성경적이고, 개혁신학의 아버지 칼빈의 언약 이해에서 벗어난 것이다.

전통적인 개혁신학이 정설로 가르치고 있는 언약 신학에 의하면 아담은 구원받기 위해 창조되었고, 구원을 얻기 위한 자격을 스스로 준비했어야 하였다.

전통적 개혁신학에서 중요한 위치에 있는 헤르만 바

존 칼빈

빙크(Herman Bavinck, 1854~1921)도 그렇게 이해하고 가르쳤다. 바빙크는 아담이 처음부터 영생을 가진 하나님의 자녀로 창조되지 않았고 자기의 노력으로 영생을 얻어야 할 사람으로 창조되었다고 다음과 같이 가르쳤다.

"하나님은 타락 전에 맺어진 첫 번째 언약 안에서 인간에게 완전한 순종을 요구하셨고, 이 명령을 완전하게 성취한 후에 비로소 영생과 하늘의 구원을 주시리라 약속하셨습니다."

헤르만 바빙크, 『찬송의 제사』, 26.

헤르만 바빙크

바빙크에 의하면 영생과 무관하게 창조된 아담은 스스로의 노력으로 영생의 자격을 획득하여 하나님께 구원을 청구해야 했다. 그리고 하나님은 아담이 스스로 준비한 자격과 조건에 기초하여 그에게 영생을 주셔야만 하였다.

그렇다면 성경의 하나님은 사람이 스스로 하나님의 구원 계획에 능동적으로 참여하여 구원을 만들기를 원하시는 하나님이시다. 신인협력 구원론이 기독교의 정통 신앙이 되어버리는 것이다.

성경 어디에도 하나님이 아담을 영생과 무관한 임시적인 생명을 가진 사람으로 창조하시었다고 볼 내용이 없다. 하나님이 아담에게 영생을 누릴 자격을 준비하면 그에게 영생을 주겠다는 조건부 언약을 체결했다고 볼 근거가 성경에 없다.

성경은 처음부터 아담이 영생을 누리는 하나님 백성으로 창조되었으나 교만하고 패역한 마음을 가졌고 자유의지를 악용하여 하나님께 반역함으로 영생을 잃고 하나님의 저주와 심판에 처해졌다. 칼빈도 창조할 때 아담의 상태와 원죄를 그렇게 가르쳤다.

"그러므로 아담이 어떤 방법으로 하나님의 진노를 유발하여 벌을 받았는가 하는 것을 생각하기란 그다지 어렵지 않다. 참으로 교만이 모든 악의 처음이었다는 어거스틴의 단정은 옳다. 사람이 자기의 처지에 만족하고 바른 한계를 넘으려고 하지 않았더라면, 태초의 상태에 머무를 수 있었을 것이다." 기독교강요, 2.1.4.

아담이 영생과 무관하게 창조된 후 하나님의 구원 계획에 능동적인 자세로 참여하여 자기의 구원을 스스로 성취했어야만 했다는 주장을 기독교 신학 속으로 매우 의미 있게 본격적으로 도입한 사람은 청교도 신학의 아버지 퍼킨스이었다.

퍼킨스 이전에 그와 비슷한 언약 이해를 가졌던 사람이 없었던 것은 아니다. 퍼킨스와 시대적으로 지리적으로 가장 가까웠던 인물인 더들리 패너가(Dudley Fenner. 1558~1587) '행위언약'이라는 용어를 처음으로 도입한 사람이다.

잉글랜드의 청교도 신학자였던 패너는 스승 토마스 카트라이트의 가르침에서 행위언약 개념을 배웠다. 잉글랜드 국교회 속으로 장로교회 사상과 제도를 맨 처음 소개하였던 카트라이트는 국교회의 핍박으로 인해 유럽에서의 도피 생활 동안 행위언약 개념을 접한 것으로 추측된다. Joel R. Beeke & Mark Jones, A Puritan Theology, 218.

카트라이트와 패더 같은 잉글랜드의 청교도들이 1580년대에 행위언약이라는 용어와 개념을 말하게 된 것은 유럽의 종교개혁 신학자들의 영향이 잉글랜드에 전파되었기 때문이다.

그 이전에 독일에서 출판된 '하이델베르크 요리문답'의 작성자 두 사람 가운데 한 사람인 올시누스의 영향을 받았기 때문으로 추측된다.

정확히 언제인지 알 수 없으나 처음에 올시누스는 성경의 언약을 그리스도 이전까지의 구 언약(Old Covenant), 그리고 그리스도로부터 종말까지의 신 언약(New Covenant)으로 나누어 기술하였다. 그때 올시누스의 관심은 단지 구약의 언약과 신약의 언약이 연속적인지 불연속적인지에 대해서만 집중되었다.원종천, 『청교도 언약사상: 개혁운동의 힘』, 33.

올시누스는 1562년에 출판한 자신의 저서 『신학대전』(Summa Theologia)에서 '창조의 언약'이라는 용어를 사용하였다. Robert Letham, The Westminster Assembly, 227. 이때 올시누스가 말한 창조의 언약 개념이 현재의 행위언약 개념과 매우 유사하였다.

원종천 박사의 연구에 의하면, 이때 올시누스가 말한 창조의 언약 개념에서 실질적으로 지금의 행위언약 개념이 발전되었다. 원종천, 『청교도 언약사상: 개혁운동의 힘』 33.

그러나 패너의 행위언약 개념은 지금 현재 개혁교회의 언약 신학으로 자리 잡은 행위언약 신학의 핵심적인 내용과 전혀 다른 개념이었다. 현재의 개혁교회 신학으로 자리 잡은 왜곡된 행위언약은 첫 사람 아담과 하나님 사이에 맺어진 아담의 영생에 관한 조건적인 언약 개념이다.

그러나 잉글랜드의 청교도 패너가 처음으로 말한 행위언약은 구약의 이스라엘과 하나님이 맺은 시내산에서 맺은 언약을 의미하는 것이었다. 앞의 책. 33. 패너는 단지 행위언약이라는 용어를 청교도 신학 속으로 맨 처음 도입한 사람이었던 것이다.

현재 우리에게 알려진 행위언약의 핵심 내용은 그리스도를 통한 죄로부터의 구속을 보여주는 성경의 핵심과 전혀 맞지 않는다. 왜냐하면 하나님 백성도 아닌 아담이 영생의 조건을 스스로 성취하지 못하여 영생 획득에 실패했다면, 그것으로 그는 다시 흙으로 돌아가는 것이 자연스러운 귀결이기 때문이다.

행위언약 개념으로는 그리스도의 성육신과 대신 죽으심의 필연성이 설명되지 않는다. 자기 백성을 죄에서 구원하기 위해 대신 죽으신 하나님의 사랑이 행위언약으로는 설명되지 않는다.

아담은 처음부터 하나님 백성이었고 영생과 모든 은혜를 허락받은 하나님의 최고의 사랑을 받는 아들이었다. 아담과 하나님의 언약은 영생을 위한 조건적 언

약이 아니라 하나님과 하나님 백성인 아담 사이의 영
원한 관계를 확정하는 언약이었다.

하나님은 아담의 영원한 하나님이 되고 아담은 영원
히 하나님을 섬기는 하나님 백성이 되기로 한 언약이
었던 것이다. 현재 개혁신학의 그릇된 행위언약 개념은
이와 같이 달라져야 마땅하다.

그러면 왜 개혁교회가 신봉하는 언약 신학이 이렇게
심히 성경을 왜곡하는 내용으로 구성되었을까? 그 첫
번째 이유는 창세기에서 아담과 하나님의 언약의 내용
이 자세하게 설명되지 않기 때문이다.

두 번째 이유는 그 당시 개신교 신학자들이 아리스
토텔레스의 철학의 방법으로 신학을 구성하는 중세
의 스콜라주의 신학 방법을 답습했기 때문이다. 그들
은 "아담과 하나님이 맺은 처음의 언약의 내용은 오직
'추론'(deductions)과 '귀결'(consequence)을 통해
추측되어야(gather) 한다" Joel R. Beeke & Mark Jones, A
Puritan Theology. 218.는 그릇된 신학적 확신을 가지고
있었다.

처음부터 행위언약은 성경이 분명하게 말하는 내용
에만 근거하고 성경이 말하는 것 이상으로 나아가지
않는다는 개혁신학의 원리 밖에서 시작되었다.

행위언약 개념은 철학적 논리를 따라 성경을 설명하려고 시도하는 개신교 스콜라주의 신학의 사생아로 태어났으므로 울시누스, 패너 등에서 처음 그 개념이 출현할 때에도 서로 일치하는 내용이 없었던 것이다.

그런데 불행하게도 장로교회 신앙의 표준문서라고 하는 웨스트민스터 신앙고백에는 기독교 신앙의 중요한 내용을 그것에 대한 분명한 성경의 가르침이 없을지라도 추론과 필연적인 귀결이라는 스콜라 철학의 방법으로 구성하라고 권장되어 있다.

"하나님 자신의 영광을 위해 필요한 모든 것 곧 사람의 구원과 신앙과 생활에 관한 그의 모든 뜻은 성경에 명백히 제시되어 있거나 건전하고 필연적인 논리에 의해 성경으로부터 추론될 수 있으며" 웨스트민스터 신앙고백 1장 6항.

물론 철학적 추론의 방식으로 성경의 하나님의 진리를 파악하는 것이 전적으로 불가능한 것은 아니다. 그런데 과연 하나님께서 아담과 하나님 자신의 처음의 언약을 철학적 추론과 필연적인 귀결의 방식으로 파악하도록 의도하셨을까?

아담의 원죄는 전체 인류 역사와 기독교 신앙의 핵심에 관련된 문제이다. 하나님께서 아담의 원죄의 내용을 추론과 필연적 귀결이라는 스콜라 철학의 방식으로만 알게 하셨을까?

퍼킨스는 그 이전의 엉성한 언약 개념들을 조직화하여 잉글랜드의 청교도 개혁운동 속으로 공식적이고 본격적인 형태로 도입하였다. 퍼킨스가 1591년에 출판한 자신의 대표작 『황금사슬』(A Golden Chain)에서 행위언약에 대해 어떻게 주장했는지 보자.

"하나님의 언약은 어떤 조건 하에서 영생을 얻는 것에 관한 인간과의 계약이다. 이 언약은 두 부분으로 이루어져 있는데, 하나님의 인간을 향한 약속과 인간의 하나님을 향한 약속이다. 하나님께서 인간에게 하시는 약속은 인간이 어떤 조건을 이행하면 당신은 그의 하나님이 되시겠다고 맹세하시는 것이다. 인간이 하나님에게 하는 약속은 그가 하나님께 충성을 서약하고 그들 사이의 조건을 이행하겠다고 맹세하는 것이다." William Perkins, "A Golden Chain: or the Discription of the theologie: Containing the order of the Causes of Saluation and Damnation, acording to Gods Word.", 32. 원종천, 『청교도 언약사상: 개혁운동의 힘』, 47

퍼킨스는 하나님이 은혜와 영생 안에서 아담을 자기 백성으로 창조하셨다는 성경의 가르침을 왜곡하였다. 아담이 영생과 무관하게 창조되었고 그 스스로 영생의 자격을 준비하면 하나님께서 그에게 영생을 주시기로 약속하는 언약이 태초에 아담과 하나님 사이에 있었다는 매우 왜곡된 언약 개념을 설정하였다. 퍼킨스는 이렇게 주장하였다.

"행위언약은 완전 순종을 조건으로 만들어진 언약이고, 이 조건은 윤리법으로 표현된다. 윤리법은 인간에게 그의 본질과 행동에서 완전한 순종을 명령하는 하나님 말씀의 부분이고, 그 외에는 어떤 것도 금한다 … (중략)

율법은 두 부분으로 되어 있다. 그것은 순종을 요구하는 법과 그리고 순종과 결합되어 있는 조건이다. 그 조건은 율법을 완성하는 자들에게는 영생이고, 율법을 범하는 자들에게는 영원한 죽음이다. 십계명은 율법의 축소판이요 행위언약이다." 앞의 책, 48.

퍼킨스는 필히 죽어야 하는 임시적 생명 안에서 창조된 아담이 하나님의 뜻에 완전하게 순종하는 조건 하에 영생에 대한 하나님의 약속을 받았다고 주장하였다.

더욱 놀라운 사실은 아담이 영생을 얻기 위한 기준이 율법이었고, 그 율법이 훗날 시내산에서 이스라엘 백성들에게 십계명의 형태로 주어졌다고 주장했다는 것이다.

퍼킨스의 원죄와 하나님 구원의 원리에 대한 이해가 심각하게 성경에서 벗어나 있었고, 칼빈의 개혁신학으로부터 일찌감치 이탈되기 시작한 것이다.

성경 어디에도 율법이 구원의 수단으로 주어졌다는 가르침이 없다. 구원은 오직 하나님의 은혜로 말미암는다는 것이 성경의 중요한 가르침이다.

구약 시대에도 율법은 이미 훗날에 나타날 그리스도의 십자가의 효력을 미리 소급하여 적용받아 구원을 얻은 하나님 백성들이 구원받은 백성답게 살기 위해 지켜야 할 원칙으로 작용하였다. 구약 성경 어디에도 율법을 지키는 것이 구원의 기준이라는 가르침이 없다.

칼빈도 구원이 율법으로 말미암는다고 한 번도 말하지 않았다. 칼빈은 율법이 인간의 타락 이후 죄를 깨닫게 하고 죄 값을 대신 지불하실 그리스도를 소망하게 만들기 위한 목적으로 왔다고 가르쳤다.

"다른 곳에서 바울은 '율법은….범법함을 인하여 더한 것이라'고 가르친다(갈 3:19). 즉, 사람들이 자기의 유죄를 깨닫게 함으로써 그들을 겸손하게 만들려는 것이라고 한다. 그러나 이것은 그리스도를 찾기 위한 참되고 유일한 준비가 되므로, 바울이 여러 가지로 표현한 교훈들은 서로 잘 일치한다." 기독교강요, 2.7.2.

복음과 율법의 관계를 바르게 이해하고 가르친 개혁 신학자들 가운데 하나님이 율법을 주신 목적이 그것을 지키는 자에게 구원을 위한 의로움이 주어지기 때문이라고 가르친 사람은 없다.

박윤선(1905~1988) 박사도 율법은 단지 사람이 자기의 죄를 깨닫게 하고, 자기의 죄를 해결해 주시는 그리스도를 고대하게 만들었을 뿐이라고 가르쳤다.

박윤선 박사

"'율법이 가입한 것은 범죄를 더하게 하려 함이라' 이 말씀은 율법이 인류의 범죄의 원인이 된다는 의미가 아니다. 이것은 율법이 구원을 줄 수 있다고 오해하는 유대인들의 사상을 반대하는 말씀이요, 율법은 인간의 죄를 없이 하지도 못하며, 인간에게 영생을 주지 못한다는 것을 역설함이다. 즉, 이 말씀은 사람이 율법을 받고 그것을 알고 보니, 자기의 부패와 자기의 연약과 자기의 많은 죄들을 발견하게 될 뿐이라는 뜻이다." 박윤선, 『계시의존사색』, 178.

서철원 박사도 하나님이 율법을 구원이 필요한 인간에게 의로움을 얻게 하려고 주셨다는 주장을 전적으로 거부한다. 서철원 박사도 필자가 강조하는 것처럼, 구약의 율법은 이미 은혜로 구원받은 하나님 백성들의 삶의 원리로 도입되었다고 가르친다.

"율법은 구원의 방식이 아니라 그리스도인의 생활 규범으로 역사한다. 본래 율법은 언약 백성들의 생활 규범이기 때문이다. 율법은 구원의 성취를 위해서 지키는 것이 아니다. 구원받은 자들은 하나님 말씀의 법을 따라야 한다. 그러므로 율법은 생활 규범이고 구원의 길은 전혀 아니다." 서철원, 『신학서론』, 202.

서철원 박사

퍼킨스가 잉글랜드 국교회 성직자들의 새로운 개혁운동의 정신적 사상적 강령으로 도입한 행위언약 개념은 성경과 칼빈과 개혁신학으로부터 벗어난 내용이다.

구원이 하나님과 사람의 쌍방적 역할과 의무와 조건의 이행으로 결정된다는 퍼킨스의 행위언약 사상은 기독교 구원의 원리를 왜곡했고, 동시에 그리스도의 속죄의 원인인 아담의 원죄의 내용까지 왜곡하는 거짓된 사상이다.

대체 퍼킨스는 왜 이런 그릇된 언약 개념을 청교도 개혁운동의 신학적 원리로 도입했을까? 이것을 설명하기 위해서 우리는 다시 1580년대 잉글랜드 국교회 내부의 상황으로 돌아가야 한다.

약 15년 이상 치열하게 전개되었던 국교회 청교도들의 장로교회 운동이 엘리자베스 여왕과 국교회 주교들의 서슬 퍼런 탄압과 장로교회 운동의 중심인물 존 필드의 죽음으로 완전히 끝났다.

장로교회 운동에 미련을 버리지 못하는 사람은 더 이상 국교회에 남을 수 없었다. 그러나 국교회를 떠난다는 것은 사실상 생존이 어려운 벌판에 홀로 버려지는 신세가 되는 것을 의미하였다. 일부의 과격한 청교도들은 목숨을 걸고 그 어려운 길을 택하였다. 그러나 다수의 청교도들은 그대로 국교회의 성직자로 남기로 결정하였다.

국교회에 남기로 결정한 청교도들 대부분은 이루지 못한 장로교회에 대한 꿈을 여전히 가슴에 품고 있으면서 주교들과는 일체 충돌하지 않는 길을 택하였다. 그들이 국교회 청교도들의 다수였던 장로교회파 청교도들이다.

그런데 국교회에 그대로 남은 청교도들 가운데 소수는 표면적으로 국교회 주교들과 불화하지 않으면서 국교회의 체제와 신앙에 충성하지도 않았다. 또한 이루어지지 못한 장로교회 설립에 대한 꿈을 여전히 간직하지도 않았다.

그 소수의 청교도들의 새로운 길을 개척한 선구자가 퍼킨스이었다. 퍼킨스는 국교회의 조직과 제도를 비판하지 않고 태어나면서 자동적으로 국교회 신자가 되어 있는 국민들의 신앙을 바꾸는 개혁운동의 길을 택하였다.

퍼킨스는 자신의 선택과는 무관하게 국교회 신자가 되어 무의미하고 무기력하고 감독들의 지시를 따르기만 하는 수동적인 신앙의 자세에 세뇌되어 있는 잉글랜드 국민들이 스스로 자기의 구원에 대하여 적극적이고 능동적인 자세를 가지게 만드는 새로운 방향의 청교도 개혁운동을 추진하기 시작하였다.

퍼킨스는 칼빈의 신학으로는 잉글랜드 국민들이 자기 구원의 확신을 중시하고 구원을 위해 적극적인 자세로 노력하고 경건하게 살고자 힘쓰는 신앙 자세를 가지게 만들기 어렵다고 보았다. 왜냐하면 자신이 보

기에 하나님의 선택과 주권과 은혜를 시종일관 강조
하는 칼빈의 신학으로는 국교회주의 신앙에 포로되어
있는 국민들에게 새로운 자극을 주기 어렵다고 생각되
었기 때문이다.

퍼킨스는 하나님의 은혜와 주권에 기초하는 칼빈의
언약 신학에서 벗어나 구원이 사람과 하나님 쌍방의
의무와 역할로 이루어지는 언약 개념을 취하였다.

사람이 구원을 위해 하나님의 구원 계획에 능동적으
로 참여하고 반응함으로 구원이 얻어진다는 언약 개
념을 통해 태어나면서 자동적으로 국교회 신자가 되
었고 실질적으로 예배에 출석하지도 않으며 살고 있는
국민들의 신앙을 각성시켜야 한다고 보았다.

퍼킨스가 공식적으로 본격적으로 청교도 개혁운동
속으로 도입한 행위언약 개념은 단지 하나의 신학이
아니고 퍼킨스가 꿈꾸었던 새로운 방향의 개인들의 헌
신과 경건을 촉구하는 새로운 방향의 개혁운동을 위
한 신학적 동력원이었던 것이다. 이 점을 원종천 박사
가 정확하게 발견하고 다음과 같이 말하였다.

"모든 운동에는 주요 사상이 있다. 그 운동을 이끌
어 나아갈 수 있는 뼈대가 되는 사상이나 정신이 있다.
이것이 그 운동에 힘을 불어넣어 주는 것이고 설득력

을 발휘하여 사람들을 움직이게 하는 것이다. … 거사를 일으키는 힘의 원동력이 되었고 그것을 한 세기 동안 끌고 와서 결론에 도달하게 한 그 사상은 과연 무엇인가? … 그것은 청교도 언약사상이었고 그것에서 우러나오는 자발적 참여의식이었다." 원종

원종천 박사

천, 『청교도 언약사상: 개혁운동의 힘』, 11.

"영국에서 언약사상을 전체 신학적 체계 아래 정리하여 보편화하기 시작한 사람은 윌리엄 퍼킨스이었다. 청교도주의 아버지라고 불리우는 퍼킨스는 1592년에 출판된 『금사슬』(A Golden Chain)에서 언약사상을 다루었다." 앞의 책, 34.

필자의 아신대(ACTS) 석사과정(Th.M)의 선생님이었던 원종천 박사가 퍼킨스에게서 본격적으로 발전된 청교도주의의 출발과 원리를 정확하게 파악하여 우리에게 알려주었다.

필자는 청교도 개혁운동의 새로운 신학적 패러다임이 퍼킨스의 언약사상과 함께 출발되었다는 사실을 원종천 박사를 통해 발견하였다.

굳이 아쉬운 점 하나를 말한다면, 원종천 박사가 청교도주의와 칼빈주의의 불일치한 내용들에 대해 탐구하지 않았다는 것이다. 지금까지 청교도주의와 칼빈주의 사이의 불일치에 대해 언급하거나 문제를 제기하는 신학자들이 거의 없었으므로 원종천 박사도 눈을 그쪽으로 돌려볼 생각을 전혀 하지 않았다.

더 건강한 신학을 위해 앞선 분들의 수고의 결실을 나중에 따라가는 후학들이 배우고 잘 활용하여 더 성경적인 신학이 되도록 발전시켜 가야 마땅하다. 그러나 현재 한국의 청교도주의자들은 이전의 저명한 청교도 신학자들의 주장에서 단 한 치라도 벗어나는 것을 막으려고 몸부림치고 있다.

웨스트민스터 신앙고백에 기술되어 있는 행위언약 사상에 이의를 제기하면, "장로교회 표준문서의 권위에 맞서는 것은 장로교회 목회자의 자세가 아니다"라고 따지는 실정이니 "개혁된 교회는 성경에 근거하여 늘 개혁되어져야 한다"라는 개혁교회의 신학의 주장을 무색하게 하고 있다.

엘리자베스 여왕 후반기부터 시작된 '청교도 개혁운동의 후기'의 특징은 국교회의 제도와 시스템을 고치

려는 시도를 버리고 국교회 신자들의 신앙을 직접 고
치고 변화시키려는 개혁운동이었다는 것이다.

태어나면서 자동적으로 국교회의 신자가 되어 주교
들의 지시와 명령만 따르면서 살고 있는 국민들의 의식
과 신앙 자세를 바꾸기 위해 국교회주의에서는 볼 수
없고, 또한 칼빈주의와는 매우 유사하지만 정확하게
일치되지 않는 새로운 신학적 패러다임이 고안되었다.

그것이 바로 퍼킨스의 '행위언약 – 은혜언약'이라는
언약 신학으로부터 시작된 청교도주의이다. 수동적이
고 이름뿐인 신앙을 가지고 살고 있는 국교회 신자들
이 스스로 경건하게 살고 하나님께 헌신하는 자세를
가지게 만들고자 시도된 개혁운동의 불꽃이었다고 평
가할 수 있다.

그러나 퍼킨스의 언약 신학의 문제는 결국 구원에
관한 성경의 가르침을 왜곡하였다는 것이다. 칼빈의
신학과 달리 사람의 역할과 의무와 조건을 따라 하나
님이 구원을 주신다고 함으로 심각한 복음의 왜곡을
초래하였다.

퍼킨스의 언약신학의 확산

이후 수십 년에 걸쳐 퍼킨스의 이 사상이 다른 국교회의 장로교회주의 청교도들에게 전파되었고, 스코틀랜드의 장로교회 신학자들에게도 확산되었다. 그리하여 1640년대에 모두가 모여서 채택한 웨스트민스터 신앙고백 속에 퍼킨스가 본격적으로 도입했던 행위언약 개념이 기독교의 정설인 것처럼 기술되어 버렸다.

웨스트민스터 신앙고백의 행위언약에 관한 기술을 보면, 1590년대 초반에 퍼킨스가 도입하였던 행위언약 개념과 거의 다르지 않다.

"1. 아담에게 주신 법: 하나님께서는 아담에게 행위언약으로서 한 법을 주셔서 그것에 의해 그와 그의 모든 후손들을 인격적인, 완전한, 정확한, 그리고 영속적인 순종의 의무 아래 두셨고; 그것의 실행에 근거한 생명을 약속하셨으며, 그것의 위반에 근거하여 죽음을 경고하셨고; 그것을 지킬 힘과 재능을 그에게 부여하셨다.

2. 도덕법: 이 법은 그의 타락 후에도 계속 의(義)의 완전한 규칙이었고; 시내산에서 하나님에 의해 십계명에 그렇게 선언되었으며 두 돌판들에 기록되었는데; 처음 네 계명들은 하나님께 대한 우리의 의무를, 그리고

그 나머지 여섯은 사람에 대한 우리의 의무를 담고 있다." 웨스트민스터 신앙고백 19장 1, 2항

2-2. 엘리자베스 여왕 전후의 영국

엘리자베스 여왕 때까지 청교도 개혁운동은 잉글랜드에 국한되었다. 그러나 엘리자베스 여왕이 사망하고 제임스 1세가 등극하면서 청교도 개혁운동의 무대가 전체 영국으로 확대되었다.

그래서 지금까지는 '잉글랜드 청교도 개혁운동', '잉글랜드 국교회 청교도들', '잉글랜드 국교회 성직자' 등 잉글랜드라는 지명이 자주 사용되었다. 그러나 엘리자베스 여왕이 사망한 후부터는 '전체 영국', '영국'이라는 용어가 자주 사용되어지게 된다.

정치적, 역사적 관점에서 지금 우리가 알고 있는 영국이라고 부르는 국가적 정체성을 가진 나라는 이때 아직 등장하지 않았다.

오늘날 우리가 영국이라고 부르는 나라의 정체성이 처음 시작된 때는 1707년이다. 1707년에 웨일스를 복속하고 있던 잉글랜드와 스코틀랜드가 병합되어 '그레이트 브리튼 왕국'(Great Britain)이 탄생하였다. 1807년에 아일랜드까지 합병되어 '그레이트 브리튼과

아일랜드 연합왕국'이 탄생됨으로서 오늘날 우리가 '영국'(United Kingdom, British)이라고 부르는 국가의 정체성이 본격적으로 형성되었다.

엘리자베스 여왕 이후부터는 청교도 개혁운동이 전체 영국의 역사와 맞물리게 된다. 그래서 이전까지는 잉글랜드라는 명칭이 자주 등장했으나 이후부터는 영국이라는 명칭이 자주 사용되어진다.

그러나 그때 지금의 영국이라는 국가가 존재했던 것은 아니다. 독자들은 청교도 개혁운동과 관련된 영국이라는 명칭이 현재의 영국을 뜻하지 않고, 단지 당시 청교도 개혁운동과 관련된 지리적 개념으로 사용된다는 점을 이해하여여 한다.

엘리자베스 여왕 이후 청교도 개혁운동의 무대가 전체 영국으로 확대되어지게 된 상황을 살펴보도록 하자.

그녀는 국가를 통치하는 동안 정치인으로서 매우 탁월한 능력을 발휘하여 훗날 대영제국의 기초를 준비하였다. 엘리자베스 여왕의 치세 동안 이루어진 가장 괄목할 만한 성취는 당시 유럽 최고의 패권국 스페인의 침략을 당당하게 물리쳤다는 것이다. 엘리자베스는 스페인의 침략을 물리치고 자신이 다스렸던 잉글랜드를 유럽의 강대국의 반열에 올려놓았다.

스페인 군대가 잉글랜드를 침략했던 이유는 스페인의 국왕 펠리페 2세가 독실한 로마교회 신자였기 때문이다. 그는 잉글랜드를 로마교회로부터 멀어지게 만드는 엘리자베스를 심히 못마땅하게 여겼다.

엘리자베스를 압박하여 잉글랜드를 다시 로마교회 국가로 회귀하게 만들고자 스페인이 자랑하는 무적함대(Armada Invencible)를 잉글랜드를 향하여 출격시켰다.

펠리페 2세

그러나 잉글랜드의 해군과의 전쟁에서 이기지 못하였고, 때마침 일어난 폭풍으로 인해 재기할 수 없을 정도의 큰 피해를 당하고 물러났다. 이후 스페인의 국제적 위상은 크게 추락하였고 유럽에 미치는 영향력도 이전과 같지 못하게 되었다.

반대로 잉글랜드는 스페인의 자리를 대신하게 되었고 서서히 훗날 대영제국의 기초를 마련하게 되었다.

1603년 독신으로 살았던 엘리자베스는 자기의 뒤

를 이을 자식이 없는 상태로 사망하였다. 엘리자베스
가 사망하자 잉글랜드 국민들은 엘리자베스 할아버지
헨리 7세의 혈통을 간직하고 있는 스코틀랜드의 국왕
제임스 6세에게 엘리자베스의 뒤를 이어 잉글랜드의 왕
이 되어 주기를 청하였다.

청교도 개혁운동과 전체 영국

제임스 6세는 잉글랜드 국민들의 요청을 수락하였
고 자신의 이름을 제임스 1세로 개명하였다. 제임스 1
세가 잉글랜드의 왕이 되면서 스코틀랜드와 잉글랜드
두 나라는 한 왕의 통치를 받는 동군연합 국가체제로
전환되었다.

이때부터 청교도 개혁운동의 역사적 무대가 전체 영
국으로 변하기 시작하였다. 한 왕이 스코틀랜드와 잉
글랜드, 그리고 이미 헨리 8세 때부터 잉글랜드에 복속
되었던 아일랜드와 웨일즈까지 모두 다스리게 됨으로
청교도 개혁운동이 전체 영국을 무대로 전개되었다.

국왕과 국교회 주교들은 잉글랜드에서 시작된 국교
회를 전체 영국에 확대하려고 시도하였고, 스코틀랜
드의 장로교회와 잉글랜드의 청교도들은 힘을 합하여
저항하는 힘겨운 역사가 전개되었다.

그래서 처음부터 장로교회로 출발했으나, 국교회를 강요하는 국왕을 상대로 싸웠던 스코틀랜드 장로교회의 투쟁의 역사가 영국의 청교도 개혁운동의 역사에 포함되게 되었다.

영국의 청교도 개혁운동의 역사와 진행을 조금 더 정확하게 이해하기 위해 영국을 구성하는 국가들의 역사를 어느 정도 이해하는 것이 필요하다고 생각되어진다.

이 지도는 현재 우리가 영국이라고 부르는 나라의 지도이다. 현재는 아일랜드의 대부분이 영국에서 분리되어 별개의 나라가 되어 있고 단지 북쪽의 북아일랜드(North Ireland)만 영국에 속하여 있다.

청교도 개혁운동이 진행될 때는 아일랜드는 하나였고 잉글랜드에 복속된 상태이었다. 각 나라들의 역사를 간략하게 살펴보도록 하자.

아일랜드

12세기 무렵까지 아일랜드는 여러 왕국으로 분열되어 있었고, 여러 왕들이 서로 '아일랜드의 대왕'의 자리를 차지하기 위해 경쟁하였다.

혼란이 지속되고 있을 때, 169대 교황 하드리안이

United Kingdom of Great Britain and Northern Ireland

아일랜드를 잉글랜드에 복속시킨다는 칙서(1171년)를
발표하였다. 그 일로 인해 잉글랜드의 왕 헨리 2세가
아일랜드로 진출하고 자신의 아들에게 아일랜드의 군
주의 지위를 하사하여 아일랜드를 다스리게 하였다.

그러나 잉글랜드의 아일랜드 지배는 쉽지 않았다. 잉
글랜드의 지배력이 미치는 땅은 아일랜드의 일부에 불
과하였다. 이후 이민족들과의 전쟁, 그리고 흑사병의

발생 등으로 인해 아일랜드에 대한 잉글랜드 지배력은 더 약화되고 말았다.

잉글랜드 교회를 로마교회로부터 분리시킨 국왕 헨리 8세에 의해 아일랜드는 다시 잉글랜드에게 복속되었다. 1536년 잉글랜드의 지배에 반발하여 아일랜드의 통치자 킬테어 백작이 반란을 일으켰다. 그러나 1541년 헨리 8세의 군대에 의해 완전히 진압되었고 아일랜드 의회는 잉글랜드 헨리 8세를 아일랜드의 국왕으로 옹립하였다.

이후 아일랜드와 잉글랜드는 한 왕을 섬기는 연합국가 체제가 되었는데, 그 상황에서 잉글랜드의 청교도 개혁운동이 진행되었다.

웨일즈

13세기에 주변의 세력들을 복속한 귀네드 왕국(Kingdom of Gwynedd)의 왕 루엘린(Llywelyn ab Iorwerth)에 의해 최초의 통합국가가 웨일즈에 등장하였다.

루엘린은 자신을 스스로 '웨일즈 공'(Prince of Wales)이라 칭하였는데, 잉글랜드의 왕 헨리 3세가 그

에게 '웨일즈 공'이라는 정식 작위를 하사하였기 때
문이다. 루엘린이 잉글랜드 왕의 신하이며 동시에 웨일
즈의 군주로 인정되어 웨일즈 땅의 최초의 통일 국가
'웨일즈 공국'(Principality of Wales)이 탄생되었다.

그러나 웨일즈와 잉글랜드의 평화는 오래가지 못하
였다. 잉글랜드의 헨리 3세의 뒤를 이은 에드워드 1세
가 웨일즈가 독립된 왕국으로 존재하는 것을 좋아하
지 않았기 때문이다.

에드워드 1세는 브리튼 섬이 하나로 통일되기를 원
하였다. 그래서 웨일즈에 군대를 보내 공격했고 그때
웨일즈는 루엘린의 아들들을 중심으로 저항했으나 패
배하여 모두 죽음을 당했다.

이후 웨일즈는 더욱 철저하게 잉글랜드에 복속되었
다. 1301년 웨일즈 지역을 완전하게 정복한 에드워드
1세는 자신의 아들 왕세자 에드워드 2세에게 '웨일즈
공' 작위를 부여하였고, 웨일즈를 잉글랜드에 완전히
편입시켜 버렸다. 그 상태에서 잉글랜드의 청교도 개혁
운동이 진행되었다.

잉글랜드와 스코틀랜드

스코틀랜드는 비교적 힘이 강성하여 일찍부터 독립 국가로 존속하였다. 그런데 스코틀랜드 왕가와 잉글랜드 왕가는 결혼으로 인하여 가까운 사이가 되었다.

잉글랜드 교회를 로마교회로부터 분리시킨 헨리 8세의 아버지(헨리 7세)의 딸, 즉 헨리 8세의 누이가 스코틀랜드의 왕 제임스 4세와 결혼하였다. 스코틀랜드 왕가로 시집간 헨리 8세의 누이의 손녀가 낳은 딸이 스코틀랜드의 여왕 메리 스튜어트(Mary Stuart, 1543~1587)이다.

스코틀랜드의 메리 여왕과 잉글랜드의 박해자 피의 메리 여왕의 이름이 같았고, 둘 다 로마교회 신자라는 공통점 때문에 우리에게 자주 혼동을 주고 있다. 그러나 두 사람은 전혀 다른 사람이다. 메리가 스코틀랜드의 여왕이었을 때 잉글랜드에는 피의 메리 여왕의 뒤를 이은 엘리자베스 1세 여왕이 나라를 다스리고 있었다.

스코틀랜드의 메리 여왕과 잉글랜드의 엘리자베스 여왕 모두 잉글랜드의 헨리 7세의 혈통을 물려받은 사람들이었다.

이 사실로 인해 엘리자베스는 많은 정신적 스트레스를 받았다. 왜냐하면 자신에게는 유사시에 스코틀랜

드의 왕이 될 혈통적 자격이 없었으나 반대로 메리는
유사시에 잉글랜드의 왕위를 계승할 수 있는 혈통적
자격이 있'었기 때문이다.

그 점을 이용하여 로마교회와 잉글랜드 로마교회
교인들은 스코틀랜드의 로마교회 신자인 여왕 메리
를 높이면서 엘리자베스를 자주 괴롭게 하였다. 그들
은 엘리자베스 여왕의 입지를 흔들기 위해 자주 그녀
의 출생 약점을 자주 거론하였던 것이다.

그것은 그녀가 헨리 8세가 간통죄를 뒤집어씌워 처
형한 두 번째 부인 앤 블린의 딸이라는 것이었다. 반대
로 스코틀랜드의 여왕 메리에게 잉글랜드의 왕이 되기
에 부족함이 없는 정통성이 있다고 추켜세웠다.

1568년 스코틀랜드에서 내분이 일어나자 메리는 왕
위를 어린 아들 제임스에게 양위한 후 잉글랜드로 망
명하였다. 그런데 메리는 엘리자베스의 자리를 넘보는
듯한 섣부른 행동을 하였고, 1587년 엘리자베스를 암
살하려는 모의에 연관되었음이 드러났다.

엘리자베스는 메리를 단두대로 보내어 처형하였다.
메리의 처형에 관한 정확한 진실에 대해서는 여전히 논
란이 많으나, 엘리자베스가 원했다면 얼마든지 살려줄
수 있었을 것이라고 보는 시각이 지배적이다. 그러나

잉글랜드 로마교회 교인들이 자신의 태생적인 약점을 부각시키면서 자주 괴롭혔으므로 화근을 제거하는 차원에서 메리를 처형했다고 여기는 견해가 우세하다.

그러나 이후 아무도 예상하지 못한 역사의 드라마가 벌어졌다. 엘리자베스는 결혼하지 않고 독신으로 평생을 살았고, 후계자를 남기지 못하고 사망하였다. 그래서 잉글랜드 국민들은 헨리 7세의 혈통을 물려받은 스코틀랜드의 국왕 제임스 6세, 즉 엘리자베스 여왕이 처형한 메리의 아들을 엘리자베스의 뒤를 잇는 잉글랜드의 왕으로 선택하였다. 서요한, 『청교도 유산』, 90~91.

엘리자베스에 의해 처형된 스코틀랜드의 여왕이었던 메리의 아들이 잉글랜드의 왕이 됨으로써 스코틀랜드와 잉글랜드 두 나라는 한 왕의 다스림을 받는 동군연합 체제를 이루게 되었다.

이때부터 훗날 영국이라고 불리우게 되는 브릿튼 섬 전체를 한 왕이 다스리기 시작했고, 따라서 영국의 청교도 개혁운동 역사는 이전과 다른 국면으로 전개되었다.

2-3. 제임스 1세(James Ⅰ, 1603~1625년 재위)의 시대

스코틀랜드의 제임스 6세가 잉글랜드의 엘리자베스

제임스 1세

여왕의 뒤를 이었고 이름을 제임스 1세로 개명하였다. 일찍부터 장로교회 신앙이 발전된 스코틀랜드에서 장로교 신앙 교육을 받으면서 성장한 제임스 1세의 등장은 잉글랜드 국교회 성직자 청교도들을 흥분시켰다.

제임스 1세가 부모 없이 자라면서 칼빈주의자 조지 부케넌(George Buchanan, 1506~1582)으로부터 교육받으면서 성장했고, 12세에 스코틀랜드의 왕으로 즉위할 때 존 낙스가 설교를 했을 정도로 그에게 장로교회의 영향이 컸기 때문이다. 라은성, 『이것이 교회사다: 가공된 진리』, 40.

그 청교도들은 제임스 1세의 등장으로 엘리자베스 여왕이 좌절시켜버린 장로교회 운동을 다시 시작할 수 있을 것으로 보았다.

한편으로 로마교회 교인들도 제임스 1세가 잉글랜드의 왕이 되는 것을 환영하였다. 제임스의 부모가 모두 로마교회 세례를 받은 로마교회 교인들이었고, 엘리자베스에 의해 처형된 제임스의 어머니 메리는 로마교회에서 순교자로 인정된 사람이었기 때문이다.

로마교회와 친했던 국교회 감독들은 일제히 제임스에게 충성할 것을 표시하였다. 켄터베리의 대주교 위트기프트는 수석 사제를 보내 제임스에게 충성을 다하겠다는 뜻을 전달하기도 하였다. 앞의 책. 41.

당시 국교회 성직자 신분을 유지하면서 여전히 청교도 개혁운동을 추구하는 목회자들 다수는 장로교회주의자들이었다. 그들은 칼빈이 유럽에서 먼저 실현한 장로교회를 잉글랜드에 설립하려는 꿈을 여전히 포기하지 않고 있었다.

국교회 청교도와 국교회 장로교회파 청교도들

그러나 한편으로 장로교회 제도를 도입하여 같은 국교회의 제도와 체제를 바꾸려는 시도를 포기하고 조용히 신학적, 사상적 개혁운동으로 방향을 바꾼 청교도들도 있었다.

그들은 여전히 국교회 성직자 신분을 유지하고 있었을지라도 국교회의 제도와 신앙에 충성하지 않았고 동시에 가슴에 장로교회 설립에 대한 꿈을 여전히 품고 있는 다수의 다른 청교도들과도 길을 달리하는 사람들이었다.

로이드 존스는 그들을 '국교회 청교도'라고 불렀는데 D. M. LLoyd-Jones, The Puritans: Their Origins and Successors, 254., 필자 역시 그렇게 부르는 것이 좋다고 생각한다. 국교회 성직자로 남은 청교도들 가운데 여전히 장로교회를 꿈꾸는 청교도들이 가장 많았다. 그들을 국교회 장로교회파 청교도라 부르는 것이 좋다고 생각된다.

남아있는 국교회 청교도들의 새로운 신학적 방향을 개척한 선두주자는 1602년에 사망한 윌리엄 퍼킨스이었다. 그리고 퍼킨스의 제자 윌리엄 에임스(William Ames, 1576~1633), 퍼킨스의 목회 후계자 폴 베인즈(Paul Baynes, 1573~1617) 등의 청교도들이 퍼킨스의 신학을 열렬히 추종하면서 그의 사상을 발전시켜나갔다.

토마스 굿윈

퍼킨스가 죽은 후에는 그가 남긴 책들과 그에게서 배운 후배 청교도들의 강의를 통해 그의 사상이 잉글랜드 전역에 계속 확산되었다.

저명한 청교도 신학자이고 웨스트민스터 총회에도 참

석하여 장로교회의 칼빈주의와는 조금 다른 청교도
주의 사상을 크게 주장했던 회중주의자 토마스 굿윈
(Thomas Goodwin, 1600~1680)이 1613년 자신이 케
임브리지 대학에 입학했을 때 그곳에서는 퍼킨스에 대
한 이야기가 끊이지 않았다고 회고했을 정도이었다. 오
덕교, 『청교도 이야기』, 71.

퍼킨스의 제자들과 후배들은 정치권과 충돌하는 것
을 피하고 직접 사람들을 대하면서 말씀을 전파하고
가르치는 설교 목회에 전력하였고, 동시에 자신들의
신학과 사상을 확산시키기 위해 책을 출판하는 데 힘
을 다하였다.

그들은 종교개혁자 칼빈의 신학인 칼빈주의(개혁신
학)와는 조금 다른 내용의 언약신학(행위언약-은혜언
약), 회심준비론, 그리고 그리스도의 능동순종 교리
등을 세밀하게 발전시키는 데 열중하였다.

이들의 개혁운동의 열매는 잉글랜드 국민들이 자기
의 구원에 대하여 깊은 관심을 가지고 스스로 노력하
고, 헌신하고, 경건하게 살고자 애쓰는 모습으로 나
타났다.

이들의 수고의 최대의 결실은 1642년에 시작된 잉글
랜드 내전(청교도혁명)이라고 할 수 있을 것이다. 장

차 이들의 개혁운동의 영향으로 신앙 자세와 의식의 변화가 일어난 시민들에 의해 국왕과 국교회가 무너지게 되었다.

퍼킨스의 사상을 따르는 청교도들의 수는 국교회의 장로교회파 청교도들에 비해 월등히 적었다. 1643년에 소집된 웨스트민스터 총회에 참석했던 전체 총대 151명 가운데 이들의 수는 불과 12명이었다.

독립파라고 불리우게 되는 국교회 청교도들은 1590년대 초부터 조용히 새로운 신학 사상을 개발하고 발전시켰고, 비록 그릇된 신학을 가지고 있었으나 탁월한 실력을 발휘하여 영국에 하나의 청교도 개혁교회를 설립하려는 목적으로 작성된 웨스트민스터 신앙고백 속에 자신들의 핵심적인 사상이 기술되게 만들었다. 서요한, 『청교도 유산』, 197.

국교회 장로교회파 청교도들

1603년 제임스 1세가 등장할 때 이 사람들 즉 퍼킨스의 신학을 추종하는 국교회 청교도들의 활동은 두드러지게 나타나지 않았던 것 같다. 제임스 1세에게 개혁을 요구하며 두드러지게 행동하는 국교회 청교도들 대부분은 장로교회파들이었다. 장로교회가 발달한 스코틀랜드에서 성장한 제임스 1세가 장로교회를 추구하는 자신들의 개혁운동에 협력하여 줄 것이라 기대하였기 때문이다.

1604년 1월 14일 왕에게 제출한 특별한 청원서로 그들의 행동이 나타났다. 국교회 성직자 청교도들 천 명이 국교회의 개혁을 요청한 '1,000명의 청원서'(Millenary Petition, 밀레니엄 패티션)를 제임스 1세에게 상정하였다. 라은성, 『이것이 교회사다: 가공된 진리』, 46.

그것의 결과로서 왕과 국교회의 주교들과 국교회의 청교도 목회자들이 한자리에 모인 중요한 회의가 햄프톤 궁(Hampton Court)에서 개최되었다. Robert Leatham, The Westminster Assembly, 18.

제임스 1세가 직접 의장이 되어 회의를 주관하였다. 그 사건은 영국의 청교도 개혁운동의 역사에서 가장 중요한 사건이었다. 이후 역사는 그 일을 '햄프톤 궁정회의'(the Hampton Court Conference)라고 부른다.

햄프톤 궁정회의에 참석한 청교도들은 비교적 온건한 자들이었고 노골적으로 왕에게 장로교회를 인정하여 달라고 공개적으로 요구하지 않는 사람들이었다. 원종천, 『청교도 언약사상: 개혁운동의 힘』, 58.

햄프톤 궁에서 청교도 목회자들과 국교회 주교들

햄프톤 궁의 현재의 모습

사이에 열띤 논쟁이 벌어졌다. 스스로 의장이 된 제임스 1세는 청교도들이 국교회 감독들에게 순종할 것을 요구했고, 감독들에게는 가능한 청교도들의 입장을 고려하라고 부탁하였다.

가장 예민한 문제는 장로교 제도를 국교회에 도입해 달라는 청교도들의 요청이었다. 그러나 제임스 1세는 비록 자신이 스코틀랜드의 장로교회 배경에서 교육받고 성장했을지라도 군주의 입장은 그것과 달라야 한다고 생각하였다.

제임스 1세는 자신의 왕권 강화를 위해서 자신이 주교들을 직접 임명하는 국교회의 감독제도가 계속 유지되어야 한다고 생각하였다. 만일 국교회의 감독제도가 무너지고 신자들이 선출하는 장로들에 의해 다스려지는 장로교회 제도가 도입되면 자신의 왕권도 함께 무너질 것이라고 우려하였다.

"당신들이 스코틀랜드 장로교회를 지향한다면 군주를 마귀나 하나님으로 간주하는 것이오. 감독이 없으면 왕도 없다!" 서요한, 『청교도 유산』, 93.

회의 중에 한 청교도가 가벼이 장로교회 제도에 대해 언급하자, 제임스 1세는 이와 같이 분명하게 말하였다. 자신이 장로교회 제도를 배척하고 국교회의 감독제도를 지지할 것임을 확실하게 천명한 것이다. 그리고 또 이렇게 말하였다.

"나는 그런 사람들을 순응하게 만들거나 아니면 이 나라에서 떠나게 만들거나, 또는 최악의 경우에는 목을 매달아 버릴 것이오!" Robert Leatham, The Westminster Assembly, 18.

제임스 1세는 청교도들이 국교회의 감독제도에 도전하면 결코 좌시하지 않을 것임을 분명하게 밝혔다. 장로교회 제도의 도입을 꿈꾸는 청교도들에게 제임스 1세의 시대에도 엘리자베스 여왕의 시대와 크게 달라질 것이 없다는 것이 분명하게 드러났다.

햄프톤 궁정회의에서 제임스 1세가 잘한 일 하나는

새로운 영어 성경 번역서 출판을 결정한 것이다. 그래서 지금 우리가 가지고 있는 '킹 제임스 역'(King James Version, KJV)이 나오게 되었다. 라은성, 『이것이 교회사다: 가공된 진리』, 46. 사실 이때 제임스 1세가 청교도들의 요구 일부를 수용하려는 뜻을 보이기도 했으나, 국교회 감독들이 완강한 자세를 보이면서 청교도 개혁운동을 압박하기를 원했으므로, 그들을 따라갔다고 볼 수도 있을 것이다.

당시 국교회의 대주교는 위트기프트를 계승한 리처드 뱅크로프트(Richard Bancroft, 1544~1610)이었다. 그는 감독제도를 거부하는 청교도들이 제거되지 않으면 국교회가 위험해진다고 생각하는 강경한 사람이었다.

그는 청교도 목회자들을 국교회로부터 제거하려  고 적극적으로 행동하였다. 1604년 8월 뱅크로프트는 국교회에 순응하지 않는 청교도 목회자들을 통제하기 위해 그전까지 존재하지 않았던 '교회 헌법'이라는 것을 제정하였다.

리처드 뱅크로프트

대주교 뱅크로프트는 교회 헌법으로 국교회의 '39개 신조'와 '공동기도서'가 하나님의 말씀에 전혀 위배되지 않는다고 인정하는 사람만 국교회의 멤버가 될 수 있게 만들었고, 그것을 인정하지 않는 사람들을 출교할 수 있도록 만들었다. 원종천,『청교도 언약사상: 개혁운동의 힘』, 59. 라은성,『이것이 교회사다: 가공된 진리』, 46.

1605년 국교회 체제에 순응하지 않는 국교회의 청교도 목회자 90여 명이 재산을 몰수당하였고, 300명 정도는 더 이상 국교회에서 설교하지 못하도록 추방되었다. 그리고 그중의 일부는 투옥되었다. 라은성,『이것이 교회사다: 가공된 진리』, 47. 양낙홍,『조나단 에드워즈 생애와 사상』, 33.

제임스 1세는 국교회의 감독제도를 거부하는 장로교회주의 사상이 케임브리지 대학을 통해 계속 전파되고 있었으므로 입학하는 모든 학생들이 국교회 체제에 동의하고 장로교회 사상을 거부하겠다는 내용에 서약하도록 강요하였다.

동시에 케임브리지 대학 내부 인물들의 사상을 철저히 조사하여 장로교회 운동 사상을 말소하려고 하였다.

그러나 케임브리지 대학에서 청교도들의 장로교회 사상을 말소하지는 못했고 이후에도 케임브리지 대학은 장로교회 사상을 계속 전파하는 청교도 개혁운동의 산실이 되었다.

그러나 청교도들의 개혁운동 사상의 또 다른 본산지 역할을 했던 임마누엘 대학에서는 제임스 1세의 압박정책이 상당한 효과를 거두었다. Everett H. Emerson, English Puritanism from John Hooper to John Milton, 28. 원종천, 『청교도 언약사상: 개혁운동의 힘』, 59.

분리주의 청교도 개혁운동의 확산

장로교회가 정착된 스코틀랜드에서 성장한 제임스 1세의 등장으로 국교회를 장로교회 시스템으로 바꿀 수도 있을 것이라는 기대를 품었던 국교회 성직자 청교도들의 기대는 다시 좌절되었다.

그때 다시 청교도들의 과감한 반응이 일어나기 시작하였다. 그것은 국교회를 완전히 포기하고 새로운 청교도 교회를 세우려는 움직임이었다.

국교회를 장로교회로 바꾸기를 소망하는 장로교회 파들은 제임스 1세의 정책에 크게 실망했을지라도 국교회를 뛰쳐나가 새로운 교회를 세우려는 마음을 가지지는 않았다.

맨 처음 장로교회 운동을 시작했던 카트라이트는 결코 국교회를 부정하고 새로운 장로교회 교회를 세

우려는 분리주의적인 자세를 가지지 않았고 그의 후배
들도 마찬가지였다. 그들은 국교회의 성직자로 남아
서 국교회를 장로교회로 전환시키거나 자신들이 장로
교회를 직접 세울 수 있는 날이 올 것을 고대하였다.

D. M. LLoyd-Jones, The Puritans: Their Origins and Successors, 151.

제임스 1세가 오직 국교회 하나만을 국가의 종교
로 인정하겠다는 완고한 태도를 보이자 좌절한 국교
회 성직자 성도들 가운데 국교회를 버리고 새로운 청
교도 개혁교회를 세우려는 움직임이 다시 일어났다.
청교도들의 장로교회 운동을 억압했던 엘리자베스 여
왕의 완강한 국교회 중심 정책으로 인하여 좌절되었던
새로운 교회를 세우려던 시도가 1590년대 초에 그 중
심인물들이 처형됨으로 사라졌었는데, 그것이 다시 살
아난 것이다.

그러나 제임스 1세 시대에 더 이상 소망이 없는 국교
회를 하나님의 교회로 인정하지 않는 청교도들이 할
수 있는 일은 하나뿐이었다. 영국을 떠나 국교회와 왕
의 박해가 없는 곳으로 이주하는 것이었다.

영국 안에서 새로운 교회를 세우려고 시도하면 엘리
자베스 여왕 때 처형된 선배들과 같은 운명이 될 것이
분명하였기 때문에 다른 선택의 길이 없었다. 그래서

1607년 최초의 분리주의 청교도 개혁교회가 네덜란드의 스쿠비(Scooby)에 세워지게 된다. 서요한,『청교도 유산』, 93.

분리주의자들은 처음부터 자신들이 세우는 새로운 교회의 통치 방식으로서 회중이 스스로 교회를 통치하는 회중교회주의를 선택하였다. 원종천,『청교도 언약사상: 개혁운동의 힘』, 152.

이들이 회중주의를 추구하게 된 근본적인 원인은 국교회 신자들에게 강요되는 수동적 자세에 대한 염증이 심히 깊었기 때문이라고 보아야 한다. 국교회에서는 국왕이 임명한 주교들에 의해 모든 것이 결정되었고 신자들은 단지 그들이 결정하고 명령하는 대로 따랐다. 심지어 성직자들의 세계에서도 마찬가지였다. 소수의 높은 계급의 성직자들에 의해 낮은 계급의 다수의 성직자들이 철저히 지배되고 통제되었다.

국교회에서는 일반 신자들의 적극적이고 자발적인 신앙 자세는 전혀 권장되지 않았으므로 분리주의자들은 그런 체제와 반대되는 교회를 세우고 싶어 하였다. 그래서 회중이 직접 교회 정치에 참여하여 교회의 모든 중대사를 결정하고 통치하는 회중주의를 택하게 된 것이다.

분리주의 청교도들은 왜 칼빈의 장로교회 제도를

선택하지 않았을까? 장로교회가 그들이 싫어하는 국왕의 권위를 당연하게 인정하였기 때문이었다.

그리고 장로교회도 당회, 노회, 총회 등의 상위 기관 제도에 의하여 다스려지는 통제된 정치 형태이었으므로 그들에게는 그것이 국교회의 엄격한 계급 조직의 형태와 크게 다르지 않다고 생각되었기 때문이다.

그러나 교회가 회중에 의해 직접 다스려지는 회중주의는 성경이 가르치는 교회 정치 형태가 아니다. 성경은 신앙이 성숙하고 교회를 다스리기에 합당한 장로(감독), 즉 현대의 목회자를 선출하여 교회를 다스리게 하라고 분명하게 가르치고 있다.

"내가 너를 그레데에 떨어뜨려 둔 이유는 부족한 일을 바로잡고 나의 명한 대로 각 성에 장로들을 세우게 하려 함이니"(딛 1:5)

회중이 다 함께 참여하여 스스로 교회를 다스리고 통치한다는 것은 매우 위험한 발상이고 또한 사탄이 쉽게 교회를 허물도록 만드는 위험스러운 제도이다.

그래서 프랑스 개혁교회는 1562년 모렐리라는 인물이 회중주의를 주장하여 문제를 일으키자 그 사상을 "교회에 혼란과 분열을 가져오는 사악한 교리" 양신혜, 『베자, 교회를 위해 길 위에 서다』, 326. 라고 판정하였고, 그를 파문하고 그의 책을 수거하여 불태웠다. 또한 그에게 동조하는 사람들을 불러 엄히 경계하고 제네바시로부터 영구히 추방하였다. 앞의 책.

국교회를 부정하고 새로운 청교도 교회를 세운 분리주의자들이 회중교회를 세웠으므로 이후 영국 밖에서 세워지는 청교도들의 교회는 모두 회중주의를 채택하였다. 신앙의 자유를 찾아 목숨을 걸고 영국을 탈출하여 네덜란드로 망명하여 국교회와 완전히 다르고 유럽의 칼빈주의 장로교회와도 다른 청교도 회중교회를 세웠다.

그리고 분리주의자들은 얼마 후 인류 역사의 새로운 획을 긋는 일을 시도하였다. 네덜란드보다 더 자유롭게 자신들의 신앙을 펼치면서 살 수 있는 새로운 땅을 찾아 대서양을 건너는 큰 모험을 감행하였다.

1620년 메이 플라워호(May Flower)를 타고 대서양을 건너 신대륙에 도착하였다. 그들은 천신만고 끝에 지금의 미국 땅에 도착하여 누구의 간섭도 받지 않고 자신들이 원하는 신앙을 마음껏 펼치기 시작하였다. 신대륙에 세워진 초기의 모든 청교도들의 교회는 회중교회이었다.

미국 매사추세츠주 플리머스 항의 메이플라워호 모형

국교회 독립파 청교도들

영국 국교회 성직자 청교도들 가운데 매우 독특한 분파가 제임스 1세가 다스리던 1610년대에 생겨났다. 헨리 제이콥스(Henry Jacob, 1563~1624)에 의해 시작된 조금 특별한 청교도 개혁운동 노선이다.

그들은 끝까지 국교회를 떠나지 않기를 원하였다. 그러면서도 국교회 감독들의 통치도 받지 않고 회중이 스스로 교회를 다스리는 국교회 속의 독립된 회중교회를 세우기를 원하였다.

그래서 이들의 명칭이 '독립파 청교도'이다. 영국 국교회 성직자로 남은 청교도들 가운데 최초로 회중주의를 주장한 청교도들이기도 하다.

독립파 청교도 운동을 시작한 헨리 제이콥스가 회중주의를 선호하게 된 이유는 그가 원래 네덜란드로 피난하여 새로운 회중주의 청교도 교회를 세운 분리주의자들과 함께 있었기 때문이다. D. M. LLoyd-Jones, The Puritans: Their Origins and Successors, 155.

제이콥스는 분리주의자들의 회중주의와 다른 여러 가지에 동의하고 뜻을 같이했으나, 국교회를 완전히 떠나는 것에 대해서는 동의하지 않았다. 그는 교회는 국가 교회의 형태로 존재해야 한다고 생각했고, 분리주의자들이 영국 국교회에서 분리한 것은 잘못이라고 생각하였다. 앞의 책.

그래서 1616년 영국으로 귀국하여 국교회에 소속하나 국교회 감독의 통치를 받지 않는 독립된 회중교회를 런던에 세웠다. 앞의 책, 161.

그리하여 1600년대 초 영국과 해외에 다음과 같은 교회들(청교도 종파들)이 존재하게 되었다.

1) 스코틀랜드 장로교회(존 낙스의 후배들)
2) 잉글랜드 국교회 청교도(퍼킨스의 후배들)
3) 잉글랜드 국교회 독립파 청교도(제이콥스의 후배들)
4) 잉글랜드 국교회 장로파 청교도(카트라이트 후배들)

5) 분리주의 청교도들에 의해 외국(네덜란드)에 세워진 청
   교도 회중교회

여기서 우리가 주의를 조금 더 이해해야 할 것은
1640년대 웨스트민스터 총회 당시에 '독립파'(Inde-
pendents)라고 불리우며 장로교회파들과 대립하면서
탁월한 실력으로 신학 토론을 전개했던 청교도들이
누구인가 하는 것이다.

그들은 신학적으로 퍼킨스에게서 시작된 사상으로
무장되었고 교회 정치 방식으로는 제이콥스의 회중
교회주의를 추구하는 사람들이었다. 같은 국교회 성
직자들이었든 퍼킨스의 후배들과 제이콥스의 후배들
이 점차 하나로 융화되어 하나의 계열을 형성하게 되
었고, 그들이 독립파 청교도로 불리우게 된 것으로 파
악해야 한다.

1610년 청교도 개혁운동을 강력하게 탄압했던 뱅
크로프트 대주교가 사망하였다. 그의 뒤를 이어 좀
더 온건한 칼빈주의자였던 조지 에봇(George Abbot,
1562~1633)이 국교회의 최고의 자리인 켄터베리의 대
주교로 임명되었다.

에봇은 네덜란드에서 개최된 도로트 총회(Synod of
Dort, 1615~1619)에 국교회의 대표를 파견하여 유럽

에서 알미니안주의가 확산되는 것을 막는데 기여한 인물이다. 그는 칼빈주의 신학을 지키는데 나름대로 열정을 가지고 있던 사람이었다. Robert Leatham, The Westminster Assembly, 19

1611년에 'King James Version'(KJV)이 완성되어 출판되었다. 그것은 제임스 1세가 1604년 햄프톤 궁정회의 당시 청교도들의 요청을 수용하여 47명의 학식 있는 번역자들을 선발하여 새로운 성경 번역 작업을 시작하도록 허락하여 나타난 결과였다.

이때 출간된 성경은 왕이 사용하도록 허가한 성경 번역이라는 의미로 'Authorized Version'이라고도 하고 한자로는 '흠정역'(欽定譯)이라고 한다.

현재 전 세계에서 가장 많이 사용되고 있는 이 성경 번역본의 탄생 이면에도 청교도 개혁운동을 싫어하였던 왕과 국교회 주교들의 숨은 의도가 있었다. 당시 청교도 개혁자들은 메리 여왕의 핍박 때에 제네바로 망명하여 칼빈의 종교개혁 사상을 접하였던 개혁자들에 의해 번역된 제네바 성경이 애용되어지고 있었다. 그리고 영국 종교개혁의 초기 선구자였던 순교자 윌리엄 틴데일(William Tyndale)이 번역한 성경도 많이 사용되어지고 있었다.

1611년에 발간된 킹 제임스 성경

청교도들이 그 성경을 사용한다는 것 자체가 개혁 운동에 대한 강력한 의지를 표방하는 것과도 같았다. 그래서 제임스 1세는 자신의 주관하에 새로운 성경 번역과 출판이 진행되게 함으로 국교회 체제에 저항하는 청교도들의 저항심을 약화시키기를 원했던 것이다. 서 요한, 『청교도 유산』, 94~95.

왕권신수설 신봉자였던 제임스 1세는 의회를 해산하고 10년 동안 홀로 영국을 통치하였다. 그러나 그 것은 제임스 1세의 중대한 오판이며 크나큰 실수이었다. 1590년대부터 퍼킨스로부터 시작된 철저한 주일성

수, 가족 신앙 강조, 구원을 위한 개인적 경건과 헌신을 강조하는 새로운 방향의 청교도 개혁운동의 영향이 영국의 중산층과 시민 계급의 사람들에게 급속하게 확산되었기 때문이다.

제임스 1세의 국교회 강요 정책, 그리고 의회 해산과 독재 정치는 결국 사회의 여러 계층의 사람들이 청교도 개혁운동을 중심으로 결집되게 만들었다. 그래서 훗날 다수의 청교도 개혁운동의 영향을 받은 시민들과 의회가 왕과 국교회를 상대로 전쟁을 수행할 수 있는 힘을 가지게 되었다.

그러나 국교회 주교들은 제임스 1세의 왕권신수설 주장을 적극적으로 지지하였다. 그들은 국교회 내부의 온건한 칼빈주의 성직자들, 즉 국교회 체제를 위해 적극적으로 충성하지 않는 인물들까지 박해하였다. 그들은 제임스 1세와 굳게 단결하여 제임스 1세에 의해 다스려지는 두 나라, 스코틀랜드와 잉글랜드의 국가 종교로서 국교회를 정착시키려고 노력하였다. 서요한, 『청교도 유산』, 94~96.

청교도 개혁운동에 대해 비교적 온건한 자세를 취하였던 칼빈주의자 에봇 Robert Leatham, The Westminster Assembly, 19.이 켄터베리의 대주교로 있는 동안에는 조금 형편이 좋아졌으나, 제임스 1세가 다스리는 동안 국교회는 알미니안주의를 추구하는 소수의 고위직 성직자들을 중심으로 변화되면서 상황이 나빠졌다. 서요한,『청교도 유산』, 95.

제임스 1세는 1625년 영국에서 청교도 운동과 국교회 사이의 갈등이 깊어지고 있을 때 사망한다.

2-4. 찰스 1세(Charles Ⅰ, 1625~1649년 재위)의 시대

제임스 1세의 아들 찰스 1세 시대에 청교도혁명(잉글랜드 내전)이 일어났다. 전쟁에서 패배한 영국의 국교회는 영원히 사라지는 것 같았고 반대로 승리한 청교도들의 시대가 영국에서 영원히 지속되는 것 같았다.

찰스 1세가 영국을 통치할 때 진행된 청교도 개혁운동의 급박했던 상황을 살펴보자.

찰스 1세는 왕권신수설에 집착하는 아버지 제임스 1세로부터 엄격한 교육을 받으며 성장했으나 정치적 수완에 있어서는 아버지에게 훨씬 못 미치는 사람이었다.

찰스 1세는 왕으로 등극하던 해에 매우 독실한 로마교회 신자인 프랑스의 공주인 앙리에타 마리아(Henrietta Maria)와 결혼하였다. Robert Leatham, The

139

Westminster Assembly, 20. 그런데 그의 부인이 된 마리아는 영국으로 온 후 항상 로마교회 사제와 함께 동행하였고, 그 사제가 인도하는 로마교회의 미사에만 참석하기를 고집하였다. 앞의 책.

그래서 많은 국민들이 왕비 앙리에타 마리아의 그런 행실을 장차 영국에 일어날 수 있는 심각한 사변을 예고하는 전조와 같은 것으로 생각하였다. 어떤 사람은 매우 불길한 느낌이 든다는 의미로 그녀로부터 '산당의 향기'(the smell of incense in high place)가 난다고도 말하였다. 앞의 책. 찰스 1세는 철저한 로마교회 신자인 아내의 영향을 받기 시작하였다. 서서히 영국의 국교회를 로마교회와 더 가까워지게 만들었다.

1630년까지 국교회를 주도했던 주요 인물들 대부분이 칼빈주의 신학을 추구하는 '저교회'(Low Church) 사람들이었다. 그러나 찰스 1세는 로마교회 신학과 유사한 알미니안 신학을 선호하는 소수의 고위 성직자들과 귀족들로 구성된 '고교회'(High-Church) 인물들과 밀착하였다. 고교회

찰스 1세

사람들만 국교회의 요직에 기용하였고, 칼빈주의 신학을 추구하는 성직자들이 자세를 바꾸도록 압박하였다. 앞의 책

1633년 찰스 1세는 국교회의 최고의 자리인 켄터베리 대주교 자리에 알미안주의자 윌리엄 로드(Willam Laud)를 임명하였는데, 그것은 국교회에 남아있는 칼빈주의를 압박하여 없애려는 시도이었다. 앞의 책

노르외치와 일리의 대주교 자리에 매튜 랜(Matthew Wren), 바스와 웰스의 대주교 자리에 윌리엄 피어스(William Piers), 요크의 대주교 자리에 사무엘 하스넷(Samuel Harsnet), 그리고 그다음에 리차드 닐(Richard Niele)을 임명하였는데, 그들은 모두 고교회에 속한 알미니안주의자들이었다. 앞의 책

찰스 1세의 후원으로 국교회의 요직을 차지한 고교회 인물들은 한편으로 국교회의 청교도 목회자들을 압박하였고 동시에 저교회의 온건한 칼빈주의자들도 압박하면서 국교회가 종교개혁 전통으로부터 멀어지게 만들었다. 앞의 책, 21.

악명 높은 대주교 윌리암 로드

찰스 2세 시대에 청교도 개혁운동을 가장 극심하게

박해했던 사람은 캔터베리의 대주교 로드였다. 라은성, 『이것이 교회사다: 가공된 진리』, 78. 대주교 로드는 왕실에 '특별 법정'(Star Chamber)를 설치하여 국교회 정책을 따르지 않는 청교도 목회자들을 극심하게 박해하였다. 서요한, 『청교도유산』, 97.

윌리암 로드

퍼킨스를 존경하고 그의 영향을 많이 받은 청교도 목사 헨리 버튼(Henry Burton, 1578~1648)은 국교회의 감독체제와 대주교 로드를 비판하는 내용이 담긴 책 『하나님과 왕을 위하여』(For God and King)를 출판하였다는 이유로 1637년 2월 1일 투옥되었다. 버튼 목사는 나무 형틀에 머리를 고정시키고 양쪽 귀를 자르는 형벌을 당하였다. 김재성, 『청교도, 사상과 경건의 역사』, 345~46.

왕자들을 치료하기도 했던 유명한 청교도 의사 존 바스트윅(John Bastwick, 1593~1654)은 네덜란드에서 공부하여 의사가 된 후 귀국하여 의사로 활동하였는데, 네덜란드에 있을 때 출판한 반 가톨릭적인 내용의 서적들을 출판한 것이 문제가 되어 투옥되었다.

특히 1637년에 출판한 책에서 "주교는 하나님의 대적들이요 짐승들의 꼬리"라고 비판한 것 때문에 로드 대주교의 미움을 크게 샀다. 그도 버튼에게 내려진 동일한 형벌을 선고받았고 양쪽 귀가 잘렸다. 앞의 책, 347.

퍼킨스의 제자 윌리엄 에임스에게서 청교도 신학을 배운 존 코튼의 설교를 통해 회심한 윌리엄 프린(William Prynne, 1600~1669) 변호사는 매우 열렬한 청교도 신자이었다. 그는 국가가 교회를 장악하고 지배하는 것이 옳지 않다고 비판하고, 칼빈주의 교리에 반대하는 행위가 정당하지 않다는 내용의 청원서를 의회에 제출하여 로드의 미움을 받았다. 프린도 1637년 6월 14일 형사법원에서 평생 감옥에 던져지고 양쪽 귀가 잘려지는 형벌을 당하였다. 앞의 책, 348.

로드에 의해 추진되었던 국교회 옹호 정책들과 청교도들에 대한 그의 가혹한 행위들로 인해 국교회는 에드워드 6세 시절에 국교회의 아버지들이라 불리우는 사람들, 토마스 크랜머, 리차드 후커 등이 작성한 국교회의 '39개 신조'의 신학과 정신으로부터 급격히 멀어져 갔다. Robert Leatham, The Westminster Assembly, 20. 동시에 대륙에서 칼빈에 의해 진행된 종교개혁의 정신과 신학과도 멀어져 갔다. 앞의 책, 22.

한편으로 대주교 로드의 가혹한 청교도 박해로 인하여 영국을 떠나 해외로 이주하는 청교도들의 수가 급증하였다. 많은 청교도 목회자들이 먼저 네덜란드로 피신하여 기회를 보다가 대서양을 건너 신대륙으로 가는 길을 택하였다.

1630년대 후반에 약 80명의 청교도 목회자들이 신대륙으로 떠났는데, 그들 대부분은 대주교 로드로부터 극심한 박해와 압박을 받은 사람들이었다. 핍박을 피해 영국을 떠나 신대륙으로 탈출하는 목회자들의 행동은 평신도들에게 많은 영향을 미치게 되었고, 이후 더 많은 청교도들이 대서양을 건너게 되는 계기가 되었다. 김재성, 『청교도, 사상과 경건의 역사』, 352.

스코틀랜드 신앙고백 표지

스코틀랜드 언약도

스코틀랜드와 잉글랜드 두 나라를 다스리는 군주 찰스 1세는 잉글랜드에서 청교도 개혁운동을 억누르고 국교회 체제를 성공적으로 안착시킨

것만으로는 만족하지 못하였다.

1637년부터 찰스 1세는 이미 장로교회가 정착된 스코틀랜드, 자기 아버지와 조상들의 나라에도 국교회를 정착시키려고 노골적으로 강요하기 시작하였다. 찰스 1세의 국교회 확장 정책 이면에도 대주교 로드의 영향이 강하게 작용하였다. 라은성, 『이것이 교회사다: 가공된 진리』, 80. 서요한, 『청교도 유산』, 97.

그러나 스코틀랜드에까지 국교회의 감독제도를 강제로 정착시킬 수 있다고 여긴 찰스 1세의 생각은 심각한 오판이었다. 유럽으로 망명하여 칼빈에게서 종교개혁 신학을 배우고 돌아온 존 낙스(John Knox, 1513~1572)의 개혁운동으로 장로교회 제도와 신앙이 이미 스코틀랜드에 뿌리를 깊이 내렸기 때문이다.

1560년 낙스가 중심이 되어 칼빈의 『기독교강요』를 깊이 참고하여 작성한 '스코틀랜드 신앙고백'(Scottish Confession)이 의회의 승인을 받았고, 서요한, 『언약사상사』, 123. 1567년에는 의회가 장로교 제도를 승인하여 전국에 당회, 노회, 대회, 총회가 스코틀랜드에 이미 설립된 상태였다. 서요한, 『청교도유산』, 519. 이후 다시 장로교회가 폐쇄되기도 하는 등의 역사적 격변과 요동이 많았으나 스코틀랜드 사람들은 장로교회를 깊이 사랑했고 장로교회가 가장 성경적인 교회라는 확신을 가지고 있었다.

그러므로 장로교회 신앙과 제도를 포기하고 국교회 신학과 감독제도를 수용하라는 찰스 1세의 강요에 대하여 스코틀랜드 국민들은 저항하지 않을 수 없었다.

1638년 스코틀랜드에서 귀족들, 평민들, 하인들, 목회자들 30만 명이 하나님 앞에서 찰스 1세의 국교회 강요 정책과 맞서 싸워 스코틀랜드의 종교개혁 신앙과 장로교회를 반드시 지키겠다고 언약하는 '국민언약 운동'(National Covenants)이 일어났다. 라은성,『이것이 교회사다: 가공된 진리』, 80.

동시에 찰스 1세가 임명하여 스코틀랜드에 보낸 국교회 주교들을 추방하였다. 서요한,『청교도 유산』, 520~21. 스코틀랜드의 여러 계층의 많은 국민들이 찰스 1세가 강요하는 국교회 제도를 거부하고 장로교회 제도를 지키겠다고 하나님께 언약하였으므로, 이후 스코틀랜드의 장로교회 신자들은 '언약도'(Covenanters)라는 별명을 얻게 되었다.

스코틀랜드 장로교회를 언약도로 소문나게 한 중요한 이유는 성경의 언약 개념에 대해 신앙적으로만 접근하지 않고 정치적인 측면으로도 접근했다는 것이다.

스코틀랜드 장로교회는 성경의 언약 개념을 모방하여 실천함으로 자신들의 장로교회를 지키기 위해 스스로 하나님께 언약함으로 하나님 앞에서 신앙적 동맹을 결성하고, 동시에 함께 언약하는 사람들과는 정치적 동맹을 맺는 효과를 이루어내었다.

1643년 스코틀랜드 장로교회가 잉글랜드 의회를 설득하여 체결하는데 성공한 '엄숙동맹과 맹약'(the Solemn League and Covenant)도 그 대표적인 사례이다. 엄숙동맹은 스코틀랜드 장로교회에게 잉글랜드 의회가 국교회 군대를 물리치기 위한 전쟁에 동참을 요구하였을 때 스코틀랜드의 장로교회가 잉글랜드 의회에 단순 정치적 동맹을 넘어 신앙적 동맹 관계를 결성하자고 요구하여 이루어진 매우 독특한 언약 체결이었다. 앞의 책, 191.

스코틀랜드 장로교회 신자들의 용기 있는 행동으로 인하여 크게 자존심이 상한 찰스 1세는 스코틀랜드 언약도들의 저항을 묵과하지 않았다. 잉글랜드의 군대를 보내 그들의 반란을 진압하려고 시도하였으므로 곧 두 나라 사이에 전쟁이 일어났다. 스코틀랜드 장로교인들이 찰스 1세가 보낸 국교회 주교들을 추방함으로 말미암아 일어난 1639~1640년 동안의 그 전쟁을 '주교전쟁'(Bishop's Wars)이라고 부른다. 서요한, 『청교도 유산』, 521~22. 라은성,『이것이 교회사다: 가공된 진리』, 80.

주교전쟁에서 패한 찰스 1세는 다시 전쟁을 일으키기 위해 재정을 조달하기 위해 자신이 1629년부터 1640년까지 폐쇄하여 방치한 잉글랜드의 의회를 소집하였다. Robert Leatham, The Westminster Assembly, 24. 라은성,『이것이 교회사다: 가공된 진리』, 82.

그러나 그것도 찰스 1세의 오판이었다. 의회를 구성하는 의원들 대부분은 찰스 1세를 잘 따르는 국교회 신자들과는 달리 청교도 개혁운동의 영향을 받아 신앙과 의식이 깨어있는 사람들이었다. 그리고 의회의 구성원들 대부분이 장로교회파 청교도 신앙을 가진 신자들이었는데 Robert Leatham, The Westminster Assembly, 24. 그들은 찰스 1세와 대주교 로드의 국교회 확장 정책에 협조할 마음이 없었다. 앞의 책.

1640년 거부할 수 없는 의회의 요구에 의해 찰스 1세는 자신에게 충성을 다한 대주교 로드가 런던 감옥에 투옥되는 것을 허락해야만 하였다. 로드는 이후 비참한 감옥 생활을 하다가 1645년 1월 10일 참수형으로 죽음을 맞이하게 되었다. 로드의 비참한 말로와 죽음은 하나님의 선악 간의 심판이 하늘에서 완전하게

주교전쟁 당시 스코틀랜드 언약도들의 깃발(스코틀랜드 국립박물관 소장)

이루어지기 전 이 땅에서도 이루어지는 경우가 많다는 것을 여러 사람들로 하여금 알게 하는 것이었다.

잉글랜드 내전과 웨스트민스터 총회

국왕과 의회 사이의 예민한 긴장과 갈등 속에서 국왕이 반항하는 의원들을 제압하기 위하여 먼저 군사행동에 돌입하였으나 실패하였다. 결국 1642년 8월부터 청교도 개혁운동을 지지하는 의회파와 국교회를 지지하는 왕당파 간의 내전이 시작되었다. 라은성, 『이것이 교회사다: 가공된 진리』, 82.

왕당파에게는 전쟁 경험이 있는 지휘관과 훈련된 정

규 군대, 그리고 로마교회를 따르는 외국에서 지원된 기병대까지 있었다. 그러나 의회파 군대는 농민들로 급조된 오합지졸들이었으므로 찰스 1세의 군대를 이길 수 없었다. 초기 전쟁의 상황은 왕당파에게 유리하게 전개되었다.

1643년 7월 잉글랜드 의회는 스코틀랜드를 제외한 잉글랜드 전역의 명망 있는 청교도 성직자 121명을 선발하였다. 각계각층의 시민들과 귀족들이 추천하는 사람들로 구성하였다. 그리고 신앙과 학식이 뛰어난 의회의 정치인 30명도 선발하였다.

총 151명을 웨스트민스터 사원으로 소집하여 특별한 종교적인 회의를 진행하게 하였다. 그것이 바로 1643년에 소집된 웨스트민스터 총회이다. 서요한, 『청교도 유산』, 98. 내전의 근본 원인이 국교회와 청교도 개혁운동 사이의 서로 다른 예배와 교리 때문이었으므로 국가의 영구적인 평화와 안정을 위해서 청교도 개혁운동 진영의 신학과 교리들에 대한 합의가 이루어져야만 하였기 때문이었다.

처음에 웨스트민스터 총회는 완전히 새로운 신앙고백을 작성할 목표를 가지지는 않았다. 기존의 국교회의 '39개 신조'를 청교도들의 신앙에 맞도록 개정하

는 것이 그들의 목적이었다. 웨스트민스터 총회에 초
대된 사람들을 보면 잉글랜드의 장로교회파 청교도들
이 압도적으로 많았고, 독립파라 불리웠던 회중교회
파 청교도들 12명과 그 외의 소수 다른 계열의 사람
들도 있었다.

왕당파의 국교회 군대와의 전쟁이 진행되고 있을 때
웨스트민스터 총회를 소집한 목적은 무엇이었을까?
국교회를 무너뜨리고 난 후 잉글랜드에 통일된 하나
의 청교도 교회를 세우기 위함이었다.

청교도 개혁운동 내부의 서로 다른 예배와 교리에
대한 차이를 극복하여 모두에게 만족을 주는 내용으
로 국교회의 39개 신조를 개정하는 것이 처음의 목적
이었다. 그래야만 이후 신앙과 교리의 차이로 인한 분

웨스트민스터 총회가 열린 웨스트민스터 사원

쟁을 막을 수 있었기 때문이다.

웨스트민스터 총회를 소집하고 운영하는 중대사를 결정하는 모든 권한은 의회의 소관이었다. 1643년 7월 웨스트민스터 총회가 국교회의 39개 신조 개정 작업을 시작하여 15개 항까지 완성했을 무렵에 의회가 중단할 것을 명령하였다. 국교회 군대와의 전쟁이 매우 불리하게 진행되고 있었으므로 스코틀랜드의 군대의 도움을 받기 위해서였다. 서요한, 『청교도 유산』, 191.

1643년 8월 7일 잉글랜드 의회는 스코틀랜드 장로교회의 총회가 열리고 있는 에딘버러에 급히 대표단을 파송하였다. 웨스트민스터 총회가 추진하고 있는 신앙고백서 개정 작업에 스코틀랜드 장로교회도 참여하고, 또한 국교회 군대와의 싸움에 군대를 보내어 함께 싸워주기를 요청하기 위해서였다.

스코틀랜드 언약도들은 장로교회 신앙과 제도를 지키려고 찰스 1세와 국교회를 상대로 투쟁하는 입장이었으므로 기꺼이 잉글랜드 의회파와 동맹을 맺고 함께 싸우기로 하였다.

그러나 스코틀랜드는 잉글랜드 의회에게 단순한 군사적 동맹을 넘어 "하나님의 말씀과 가장 모범적으로 개혁된 교회의 본을 따라서" 잉글랜드, 아일랜드, 스코틀랜드의 교회의 일치를 추구하자면서 언약을 체결하자고 제안하였다. 리차드 A. 멀러, 로우랜드 S 워드, 『웨스트민스터 총회의 실천』, 165.

그리하여 1643년 8월 17일 두 나라는 종교적으로 군사적으로 협력한다는 내용의 계약 '엄숙동맹과 맹약'(The Solemn League and Covenant)을 체결하였다.

스코틀랜드 장로교회가 웨스트민스터 총회에 참여하게 됨으로 처음에 의도했던 목표에 변화가 일어나게 되었다. 잉글랜드 의회의 주관하에 시작된 국교회의 39개 신조 개정 작업을 포기하게 되었다.

스코틀랜드 장로교회는 낙스의 종교개혁 초기에 작성된 '스코틀랜드 신앙고백'(1560년)을 가지고 있었고, 그것에 대한 큰 자부심을 가지고 있었다. 그런데 잉글랜드 의회가 자신들이 멸시하는 국교회의 39개 신조를 개정하여 모두 함께 사용하자고 하니 만족할 수가 없었다. 스코틀랜드 장로교회는 잉글랜드 의회에게 잉글랜드의 전면적인 종교개혁이 필요하다고 제안하였다. 그리하여 모두에게 만족을 주는 새로운 신앙고백이 필요하다는 방향으로 의견이 모아졌다. 앞의 책, 69.

엄숙동맹과 맹약에서 합의한 대로 1643년 9월 15일

스코틀랜드 측에서 웨스트민스터 총회에 투표권을 가지지 않는 5명의 목회자 총대들과 3명의 평신도 총대들을 파송하였다. 서요한, 『청교도 유산』, 192. 그들은 참관자의 자격으로 웨스트민스터 총회에 참석했으나, 신학적 능력이 탁월하여 이후 웨스트민스터 신앙고백에 기술되어지는 중요한 신학적 주제들에 대한 논쟁에서 상당한 영향을 미쳤다.

웨스트민스터 총회는 1646년 12월 신앙고백을 완성하였고, 1647년 3월 잉글랜드 의회가 승인하였다. 1647년 8월 스코틀랜드의 장로교회 총회도 웨스트민스터 신앙고백을 승인하였다. 1648년 6월 20일 웨스터민스터 총회가 완성한 소요리문답을 잉글랜드 의회가 승인했고, 1648년 7월 20일 대요리문답도 의회의 승인을 받았다. 서요한, 『청교도 유산』, 192~93.

엄숙동맹과 맹약 표지

1647년에 드디어 웨스트민스터 신앙고백(Westminster Confession of Faith, 1647년)이 완성되었다. 그런데 여기에 대해 많은 사람들이 오해하고 있는 내용이 있다. 웨스트민스터 신앙고백이 장로교회의 선조들만 모여 장로교회를 위한 신앙고백으로 만들어졌다고 생각하는 사람들이 많다는 것이다.

그것은 역사적인 사실과 조금 다르다. 국교회 군대와 내전이 벌어지고 있던 당시 잉글랜드 의회가 잉글랜드 전역의 명망 있는 신학자들과 목회자들을 선발하여 웨스트민스터 총회를 개최한 이유는 그들의 뜻대로 국교회가 사라지게 된 후 잉글랜드와 스코틀랜드 그리고 아일랜드와 웨일즈에 하나의 청교도 교회를 세우기 위함이었다.

웨스트민스터 총회에 잉글랜드 의회가 파송한 정치인들 다수가 장로교회파 청교도들이었고, 잉글랜드 전역에서 국민들의 추천을 받아 선발되어 소집된 신학자들과 목회자들 다수가 장로교회파 청교도들이었다는 것은 분명한 사실이다.

그러나 그때는 잉글랜드에는 단 하나의 장로교회도 세워지지 않은 상태이었다. 총회의 구성원들의 성향을 볼 때 장로교회의 신앙이 더 많이 반영된 신앙고백이 탄생되는 것은 자연스러운 결과였다고 볼 수는 있다.

그러나 수적으로 열세였으나 국교회 청교도 퍼킨스에게서 시작된 칼빈주의와는 분명히 다른 청교도주의로 무장되고 교회 정치에 관해서는 국교회 청교도 헨리 제이콥스에게서 시작된 회중주의를 추구하는 독립파들이 분명하고 강한 목소리를 내고 있었다.

그러므로 전적으로 장로교회만을 위한 신앙과 교리를 가르치는 신앙고백이 작성된다는 것은 불가능한 일이었다.

당시 스코틀랜드와 잉글랜드는 여러 면에서 매우 달랐다. 잉글랜드에서는 국왕보다는 청교도들이 더 기세등등했고, 국교회 하나만 강요했던 국왕을 상대로 청교도 개혁운동을 지지하는 의회가 전쟁을 벌이는 상황이었으므로 국교회는 사실상 와해된 상태였다. 그리고 청교도 개혁운동은 진행되고 있었으나 청교도들이 세운 교회는 하나도 존재하지 않는 상황이었다.

반대로 스코틀랜드에서는 장로교회를 중심으로 전 국민이 단합하고 있었다. 잉글랜드와 달리 스코틀랜드에는 중앙집권화된 권력도 없었고 지방의 영주들과 귀족들을 중심으로 권력이 분산되어 있었다.

무엇보다 큰 차이는 잉글랜드의 독립파 청교도들은 왕을 없애기를 원했고 스코틀랜드 장로교인들은 왕이 장로교회를 인정하기만 하면 그대로 존속시켜야 한다고 보았다.

이러한 차이로 인해 내전이 끝난 후 회중교회파 청교도들과 장로교회파 청교도들 사이에 갈등이 일어났고, 결국 잉글랜드에서 장로교회 운동이 멸절되어 버리는 결과를 낳게 되었다.

웨스트민스터 신앙고백이 장로교회만을 위한 신앙고백으로 작성될 수 없었던 또 다른 이유는 잉글랜드의 청교도들 다수에게 스코틀랜드의 장로교회의 장로 제도에 대해 회의적인 자세가 퍼져있었다는 것이다.

Robert Leatham, The Westminster Assembly, 36.

그들은 전체 영국의 종교를 일치시키기 위해 스코틀랜드 장로교회의 제안으로 형성된 새로운 신앙고백 작성을 결정한 '엄숙동맹과 맹약'(the Solemn League and Covenant, 1643년 8월) 1항의 "나는 교리, 훈련, 예배, 정치 등에서 하나님의 말씀을 따라 스코틀랜드 교회의 참된 개혁파 개신교 신앙의 보전을 위해 노력하겠습니다"라는 내용에 대해 서로 다른 이해를 가지고 논쟁하기도 하였다. 앞의 책.

이러한 논쟁과 다른 의견들이 대두될 때 가장 심각한 반응을 보인 사람들은 독립파로 불리웠던 회중주의 청교도들이었다. 그 상황에 대해 로버트 래담 박사는 다음과 같이 말하였다.

"이것은 독립파들에게 더 심각한 문제로 받아들여졌고, 또한 스코틀랜드 장로교회의 어떤 점들이 성경의

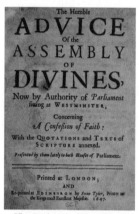

가르침과 일치하고 있는지에 대해 많은 신학자들이 의문을 품고 있었다." 앞의 책.

웨스트민스터 신앙고백 표지

여러 가지 정황들을 볼 때, 웨스트민스터 신앙고백이 전적으로 장로교회 신앙에 합치되는 내용들로만 구성되었다고 보는 것은 상당히 억지스럽다. 특히 웨스트민스터 신앙고백 7, 19장의 행위언약 개념은 종교개혁과 칼빈의 신학을 따르는 장로교회가 받아들일 수 없는 심각한 내용이다.

"2. 행위 언약: 사람과 맺으신 첫 언약은 행위 언약이었는데, 거기에서 완전한 개인적 순종을 조건으로 아담과 그 안에서 그의 후손들에게 생명이 약속되었다." 웨스트민스터 신앙고백 7장 2항

"1. 아담에게 주신 법: 하나님께서는 아담에게 행위 언약으로서 한 법을 주셔서 그것에 의해 그와 그의 모든 후손들을 인격적인, 완전한, 정확한, 그리고 영속적

인 순종의 의무 아래 두셨고; 그것의 실행에 근거한 생명을 약속하셨으며, 그것의 위반에 근거하여 죽음을 경고하셨고; 그것을 지킬 힘과 재능을 그에게 부여하셨다.

2. 도덕법(Moral Law): 이 법은 그의 타락 후에도 계속 의(義)의 완전한 규칙이었고; 시내산에서 하나님에 의해 십계명에 그렇게 선언되었으며 두 돌판들에 기록되었는데; 처음 네 계명들은 하나님께 대한 우리의 의무를, 그리고 그 나머지 여섯은 사람에 대한 우리의 의무를, 담고 있다." 웨스트민스터 신앙고백 19장 1, 2항.

웨스트민스터 신앙고백이 가르치는 행위언약의 골자는 아담이 영생하지 못할 사람으로, 즉 별도의 영생을 받지 못하면 곧 죽을 사람으로 창조되었다고 가르치는 것이다. 그리고 아담이 훗날 시내산에서 돌판에 기록된 율법을 완전하게 지켰으면 하나님이 그에게 영생을 주기로 언약하였다는 것이다.

이것은 성경이 말하는 아담과 하나님의 '첫 언약'(히 9:15)의 내용이라고 볼 수 없다. 웨스트민스터 신앙고백의 행위언약 개념에 의하면, 아담의 원죄는 기껏해야 영생의 자격인 율법 준수에 실패했다는 것이다. 그 율법이 무슨 내용이었고, 어떤 방법으로 아담에게 주어졌는지 성경을 통해 설명하지도 못한다.

한국 개혁교회의 목회자들과 신학자들에게 『도르트 신조 강해』(Expository Sermons on the Canons of Dort) 라는 책으로 큰 영향을 미쳤던 청교도 신학자 코르넬리스 프롱크(Cornelis N. Pronk) 교수는 다음과 같이 말하였다.

"사람은 하나님의 형상으로 창조되었으며 그것은 율법이 마음에 새겨졌다는 것을 뜻합니다." 코르넬리스 프롱크, 『도르트신조 강해』, 257.

"하나님께서는 사람을 지으실 때 율법을 마음에 새겨주셨습니다." 앞의 책.

"아담은 하나님의 율법을 완전히 지킬 능력이 있었

습니다. 그때 율법은 사람의 친구였습니다. 아담은 율법을 바라볼 때 자신을 위협하는 것으로 보지 않았습니다. 오히려 율법을 사랑했습니다." 앞의 책, 262.

"하나님께서 모세에게 주신 시내산에서의 율법조차도 이스라엘에게는 새로운 것이 아니었습니다 … 율법은 이미 이스라엘 백성들의 마음에 새겨져 있었기 때문입니다. 유일한 차이는 돌판에 새기셨다는 것입니다." 앞의 책, 258.

프롱크는 구원을 주는 율법이 아담에 가슴에 기록되어 있었다고 하는데, 성경적 근거가 없다. 그리고 어차피 곧 죽을 사람이 영생의 자격을 얻지 못하여 그대로 죽게 되었는데, 그게 왜 원죄인가? 이미 죽은 자를 하나님이 더 확실히 저주했다는 것이 타당한 논리인가?

성경은 아담의 죄가 하나님에 대한 '반역'(호 6:7)이라고 한다. 반역이란 모든 사랑과 은혜를 받았고, 서로 인격을 걸고 하나님과 하나님 백성으로 영원히 살자는 언약이 먼저 있었음을 전제한다. 아담이 그것을 파괴했을 때 성립되는 것이 '반역죄'이다.

아담과 하나님의 언약은 하나님 백성으로 창조된 아담이 영원히 하나님을 섬기고, 하나님도 영원히 아담의 하나님이 되기로 약속한 언약으로 다시 수정되어야 한다. 그래서 아담은 비록 반역했을지라도 하나님은 자기의 인격을 걸고 약속한 언약을 스스로 이루시기로 하셨다. 하나님이 스스로 사람이 되시어 아담 대신 죽고 언약을 복구하신 것이다.

행위언약 사상의 확산

잠시 정리해 보자. 행위언약을 처음 본격적으로 청교도 운동 속으로 도입한 사람은 국교회 청교도 퍼킨스이었다. 엘리자베스 여왕에 의해 국교회를 장로교회로 바꾸려는 개혁운동이 완전히 좌절되자 국교회 청교도들에게서 다음과 같은 반응이 일어났다.

1) 일부는 국교회에서 떨어져 나가 새로운 교회를 세우는 분리주의 청교도 개혁운동을 시작하였다. 그들은 청교도 회중교회를 세웠다.

2) 다수는 그대로 국교회 성직자로 남았다. 그들은 여전히 가슴에 장로교회 사상을 품고 장로교회를 세울 수 있는 날을 기다렸다. 이들을 잉글랜드 국교회 장로교회파 청교도들 또는 잉글랜드 장로교회파 청교도들 이라고 한다.

3) 국교회를 떠나지도 않고 장로교회 사상을 추구하지도 않으며 새로운 방향의 청교도 개혁운동을 시작한 소수가 있었다. 그 새로운 방향을 개척한 선구자가 퍼킨스이었는데, 그는 국교회 체제와 시스템에 도전하지 않으면서 조용히 국교회 신자들의 삶과 신앙 자세를 내부로부터 바꾸는 전략을 택하였다. 이들은 국교회 청교도들이다.

퍼킨스와 국교회 청교도들의 새로운 개혁운동을 위

해서는 새로운 신학적 패러다임이 필요하였다. 칼빈의 하나님의 일방적 은혜와 주권을 강조하는 신학으로 는 어렵다고 판단하였다. 퍼킨스는 하나님의 구원 계 획에 대해 사람이 적극적인 자세로 동참하고 헌신함 으로, 즉 하나님이 제시하는 조건에 합당하게 자신을 준비하는 사람에게 구원이 주어진다는 쌍방적 개념의 언약 신학인 행위언약 개념을 도입하였다.

1591년에 퍼킨스는 자신의 책 『황금사슬』에서 공식 적으로 행위언약을 청교도 운동 속으로 도입하였다. 하나님이 구원을 주시기 위해 사람에게 헌신과 충성과 조건과 의무와 역할을 요구하였다는 행위언약 개념은 그렇게 영국의 청교도 개혁운동 속으로 들어섰다.

하나님이 곧 죽을 사람을 창조하시고, 사람에게 율 법을 잘 지키면 그 공로를 따라 구원을 주신다는 행 위언약 사상은 국교회 신자들의 신앙과 삶에 급진적인 변화를 일으키기 시작하였다. 태어나면서 자동적으로 국교회 신자가 되어 자동적으로 구원을 얻는 줄 알고 살았던 사람들이었는데, 행위언약 사상으로 각성되니 달라져 버렸다.

잉글랜드 국민들의 신앙의 자세와 의식에 혁명적인 변화가 일어났다. 행위언약 신앙으로 깨어난 사람들에

163

의해 1640년대에 청교도혁명이 일어났고, 웨스트민스터 신앙고백도 만들어졌다고 보아야 한다.

　행위언약 개념을 지지하는 많은 청교도주의 신학자들은 스코틀랜드 장로교회 신학자들과 잉글랜드 장로교회파 청교도들이 함께 동조했으므로 그릇된 행위언약 사상이 웨스트민스터 신앙고백에 들어갔다는 사실을 강조한다. 장로교회 조상들이 지지하고 동조했으니 장로교회의 신앙이라는 것이다.

　그러나 그렇게 생각할 일이 전혀 아니다. 1591년 행위언약 개념을 청교도 개혁운동의 신학적 패러다임으로 만든 퍼킨스의 대표작 『황금사슬』이 퍼킨스의 제자들로 하여금 더욱 더 연구하고 앞을 다투어서 비슷한 책들을 출판하게 만들었다. 그들은 그 사상으로 설교하고 그 사상을 전파하는 책으로 저술하는 데 일생을 바쳤다.

　대략 50년이 지나고 웨스트민스터 총회가 열렸을 때는 이미 행위언약 사상이 전체 영국의 개신교 지도자들에게 널리 퍼진 상태이었다. 우리의 스코틀랜드 장로교회 선조들이 칼빈주의와 퍼킨스의 청교도주의를 혼동하게 되었다.

　그래서 웨스트민스터 신앙고백에 행위언약 사실이 기

술되었고, 행위언약 개념이 있는 곳에 반드시 따르는
그리스도의 능동순종 교리도 격렬하게 토론되었고 모
호하게 기술되었다.

우리는 이제라도 이 점을 잘 이해하여 행위언약 사상
이 장로교회와 장로교회의 신학교들에서 더 이상 가
르쳐지지 않도록 노력하여야 할 것이다.

독립파 회중주의 청교도들의 부상

스코틀랜드의 언약도 군대의 동참으로 잉글랜드의
내전의 양상은 크게 달라졌다. 그리고 의회파 군대의
실질적 지도자로 혜성처럼 부상한 올리버 크롬웰 장군
의 탁월한 능력에 힘입어 1644년 마스톤 무어 (Mar-
ston Moor) 전투에서 왕당파의 군대를 이겨 전세를
역전시켰다. 1645년 네이즈비(Naseby) 전투에서 왕당
파의 군대는 완전히 패배하여 더 이상 회복할 수 없을
정도로 궤멸되어 버리고 말았다.

찰스 1세는 자신의 고향인 스코틀랜드로 도망하여
스코틀랜드 사람들에게 목숨을 구걸하였다. 이로써
1642년부터 시작된 잉글랜드 1차 내전은 끝나 버렸다.
Robert Leatham, The Westminster Assembly, 101.

1차 내전이 의회파 군대의 승리로 내전은 종결되었

으나 잉글랜드의 정치적 상황이 불안정하게 전개되었다. 패색이 짙었던 의회파 군대를 이끌고 싸워 승리를 이루어 낸 올리버 크롬웰(Oliver Cromwell, 1599~1658) 장군의 힘이 너무 막강해졌기 때문이다.

의회의 장로교회파 청교도 신자들이 주도하여 국교회와 전쟁을 시작했고, 전체 영국에 하나의 청교도 개혁교회를 세우기 위해 웨스트민스터 신앙고백도 준비하였다.

그러나 전쟁을 승리로 이끈 크롬웰 장군은 장로교회파 청교도가 아니었다. 그는 당시 독립파라 불리우는 회중교회주의 청교도 신자이었다. 그의 명령을 따르는 병사들 대부분도 회중교회파 청교도 신자들이었다. 크롬웰과 그의 군대가 사실상 회중 교회파 청교도 군대이었던 것이다. Robert Letham, The Westminster Assembly, 43. 라은성, 이것이 교회사다, 82.

크롬웰은 장로교회주의자들이 주도하여 만들어 낸 웨스트민스터 신앙고백과 대·소요리문답에 대해 매우 부정적인 자세를 보였다. 크롬웰의 그런 태도는 잉글랜드와 스코틀랜드가 체결한 계약 '엄숙동맹과 맹약'의 효력을 거부하는 것이었다. 그리고 그때까지 의회가 추진한 모든 중요한 일들을 무시하는 것이었다.

서요한, 『청교도 유산』, 193.

잉글랜드 의회와 스코틀랜드 장로교회 사이에 체결된 엄숙동맹과 맹약의 결과로 탄생된 웨스트민스터 총회의 중요한 신학적 결과물들을 크롬웰이 부정적으로 보았던 원인은 무엇이었을까?

근본적인 원인은 독립파 청교도이었던 크롬웰이 장로교회를 싫어하였기 때문이다. 웨스트민스터 총회에 참석한 의회의 의원들 다수가 장로교회파 청교도들이었고, 국민들의 추천을 받아 소집된 신학자들의 다수는 장로교회주의자들이었다.

그러나 그들이 처음부터 "국교회를 무너뜨린 후 장로교회를 세우자!"라고 표방하면서 웨스트민스터 총회를 추진한 것은 아니었다. 단지 그 추세대로 일이 자연스럽게 진행되었다면 잉글랜드에 장로교회가 들어서는 것은 자연스러운 일이었다고 볼 수 있었다는 것이다.

그러나 크롬웰 장군과 그의 군대는 장로교회 사상과 제도를 싫어하였다. 그들은 상황이 장로교회주의자들에 의해 주도되고 자신들은 그들이 결정하는 대로 장로교회 제도와 사상이 자신들에게 강요되는 것을 좋아하지 않았다.

이 부분에 대해 청교도 개혁운동 연구의 전문가 로이드 존스는 다음과 같이 말하였다.

"크롬웰과 그의 병사들 대부분은 독립파-회중교회주의자들이었습니다. 그들은 장로교회 제도를 자신들에게 강요하는 것을 참지 못하는 사람들이었습니다."

D. M. LLoyd-Jones, The Puritans: Their Origins and Successors, 225.

잉글랜드 의회의 장로교회파 청교도들과 크롬웰 장군 사이의 가장 예민한 문제는 이미 패배하여 포로가 된 찰스 1세의 처리 문제이었다. 스코틀랜드 장로교회 사람들은 처음부터 국왕 제도를 폐지해야 한다고 생각하지 않았다. 잉글랜드의 장로교회파 청교도들도 신앙의 자유를 위해 반드시 무력으로 국왕을 제거해야 한다고 생각하지 않았다. 그들은 찰스 1세가 장

로교회를 인정하기만 한다면, 그의 목숨을 살리고 계속 왕으로 남아있게 하는 것이 좋다고 생각하였다.

장로교회주의자들은 국가와 교회는 서로 분리되었고 또한 하나님의 나라를 위해

올리버 크롬웰 장군

왕이 국가를 통치하면서 하여야 할 일들과 교회가 하여야 할 일이 구분되어있다는 칼빈의 사상을 따랐기 때문이다.

그러나 회중교회파 청교도들은 처음부터 무력으로 왕에게 맞서야 한다고 주장하였고 사로잡힌 찰스 1세를 살려두지 않기를 원하였다. 라은성, 『이것이 교회사다: 가공된 진리』, 83.

다수의 장로교회파 청교도들로 구성된 의회와 회중교회파 청교도 크롬웰 장군과 그의 명령을 받는 대부분 회중교회파 청교도 신자들로 구성된 군대 사이의 갈등이 점점 심화되어 갔다. 급기야 1647년 8월 7일 크롬웰은 군대를 이끌고 런던으로 입성하여 의회를 장악하였고 장로교회파 의원들을 추방하였다. 서요한, 『청교도 유산』, 101.

이 일로 크롬웰 장군이 잉글랜드를 좌지우지(左之右之)하는 최고의 정치 지도자로 부상하였다. 의회의 장로교회파 의원들이 주도하여 소집된 웨스트민스터 총회가 만들어 낸 웨스트민스터 신앙고백이 의회의 승인을 받던 바로 그해에 회중교회파 병사들로 구성된 군대를 지휘하는 회중교회파(독립파) 청교도 크롬웰이 잉글랜드의 일인자로 부상한 것이다.

장로교회파 청교도들이 주도했고, 독립파들은 그들과 함께 의논하여 웨스트민스터 신앙고백을 완성했을지라도 이제 상황이 달라져 버렸다. 웨스트민스터 신앙고백을 작성할 때 회중주의자들은 자신들의 신학을 반드시 반영하려고 장로교회주의자들과 치열(熾烈)하게 논쟁하고 토론했었다. 그러나 이제 권력을 장악하였으므로 더 이상 장로교회파 청교도들과 의논하고 협력할 필요가 없게 되었다.

1646년 8월 전쟁에서 패배하여 포로가 되었던 찰스 1세는 고향 땅 스코틀랜드로 도망하여 항복하고 목숨을 연명하였다. 그러나 잉글랜드 의회가 제시하는 40만 파운드를 받고 스코틀랜드 사람들이 그를 잉글랜드로 보내버렸다.

1647년 11월 잉글랜드의 햄프톤 궁에 연금되어 있던 찰스 1세는 잉글랜드의 장로교회파와 회중교회파 청교도들 사이의 분쟁으로 어수선해진 틈을 이용하여 탈출을 시도하였으나 붙잡혔다. 서요한, 『청교도 유산』, 101.

1647년 12월 찰스 1세가 스코틀랜드의 장로교도들과 은밀한 협상을 시도하였다. 찰스 1세는 잉글랜드의 회중교회파 청교도들을 압박하여 잉글랜드에서 장로교회가 설립되는 것을 용인하겠다는 약속을 맺고 스코틀랜드의 병력을 지원받기로 합의하였다. 앞의 책, 102.

이 때문에 찰스 1세의 왕정이 계속 유지되기를 원하는 스코틀랜드의 일부 장로교회 사람들과 찰스 1세의 왕정을 철저하게 거부하는 잉글랜드의 회중교회파 군대 사이에 2차 내전이 일어났다.

1648년 4월 잉글랜드의 왕당파들도 잉글랜드의 북부 지역과 웨일즈 지역에서 찰스 1세를 복위시키기 위해 다시 무장봉기 하였다. 그러나 이미 힘을 잃어버린 왕당파의 군대가 크롬웰의 군대를 이긴다는 것은 기대할 수 없는 일이었다. 크롬웰의 군대는 그들을 쉽게 진압하였다. 앞의 책.

이제 왕을 다시 복위(復位)시키려는 사람들의 희망은 스코틀랜드의 군대뿐이었다. 당시 스코틀랜드는 찰스 1세를 왕으로 복위시키기 원하는 사람들과 반대하는 사람들로 나누어져 있었다. 1648년 7월 찰스 1세를 왕으로 옹립하기 원하는 스코틀랜드 사람들이 무장 봉기하여 국경을 넘어 잉글랜드로 진격하였다.

크롬웰은 다시 군대를 이끌고 나가 그들을 격퇴하였다. 그해 10월 크롬웰의 군대는 스코틀랜드의 수도 에딘버러(Edinburgh)에 까지 진격하여 점령하였고 스코틀랜드의 장로교회를 압박하였다. 앞의 책.

결국 크롬웰이 전체 영국을 다스릴 수 있는 모든 실질적인 권력을 장악하였다. 이로 인하여 더욱더 위협을 느낀 잉글랜드 의회가 크롬웰이 이끄는 군대를 해산하려고 시도하였다. 그러자 1648년 12월 크롬웰은 군대와 함께 다시 런던에 입성하여 한번 더 의회를 무력으로 장악하여 장로교회파 의원들을 모두 추방하였다.

크롬웰은 그 자리를 회중교회파 청교도들로 대신하게 하였다. 크롬웰은 회중교회파들로 새롭게 구성된 의회를 통해 찰스 1세를 사형에 처하기로 결정하였다. 앞의 책.

1649년 1월 30일 찰스 1세는 '독재자', '반역자', '살인자', '공공의 적'이라는 죄목 하에 단두대에서 처형되었다. 라은성, 『이것이 교회사다: 가공된 진리』, 85. 이때부터 1658년

스코틀랜드의 상징 에딘버러 성

크롬웰이 사망할 때까지 영국에서 존 오웬, 리차드 백스터 등으로 대표되는 회중교회파 청교도들의 시대가 전개되었다.

영국에 하나의 통합된 청교도운동 교회를 세우려는 목적으로 만들어진 웨스트민스터 신앙고백은 아무 소용없는 것이 되어버렸다. 웨스터민스터 신앙고백은 사실상 휴지가 되었고, 크롬웰의 후원을 입어 강력한 세력을 형성하게 된 회중교회파 청교도들은 자신들의 '사보이 선언'(Savoy Declaration, 1658)을 따로 채택하여 장로교회와 선명하게 차별되는 회중교회의 길을 분명히 정하였다.

회중교회파들의 사보이 선언에는 웨스트민스터 신앙고백이 명확하게 기술하지 않고 모호하게 진술한 그리스도의 능동적 순종의 교리를 분명하게 기술하였다.

회중교회파 청교도들의 신학의 중요한 출발점은 행위언약 개념이다. 행위언약 개념이 있는 곳에는 반드시 그리스도가 아담 대신 모든 율법을 지켰다는 이론이 대두된다. 행위언약 사상이 자리 잡으면 그리스도를 아담이 완성하지 못한 행위언약의 성취자로 만드는 신학이 반드시 따라온다. 그것이 바로 그리스도의 능동순종 개념이다.

173

행위언약 개념은 이미 전체 영국에 널리 퍼진 상태였으므로 웨스트민스터 신학자들 다수가 쉽게 수용하였다. 그러나 그리스도가 아담 대신 모든 율법을 완전하게 지켜서 영생의 의를 획득하였다는 능동순종 개념을 신앙고백에 기술하자는 주장이 대두되자 즉각 신자들 간의 격렬한 논쟁이 전개되었다. 왜냐하면 그리스도의 능동순종 개념은 성경과 공교회의 신학과 종교개혁자들의 신학에서 유래를 찾을 수 없는 생소한 주장이었기 때문이다.

결국 다수의 웨스트민스터 신학자들이 능동순종 개념을 성경적인 것으로 여기지 않았다. 웨스트민스터 신앙고백은 신자에게 그리스도의 순종과 만족(속상, 속

회중교회파 청교도들의
사보이 선언 표지

죄)이 전가된다고 표현함으로 신자의 칭의의 원리에 대한 성경의 가르침과 공교회의 신학과 종교개혁자들의 신학에서 벗어나지 않게 되었다.

그러나 그것을 포기하지 못하는 사람들에게 어느 정도의 만족을 주는 선에서 타협이 이루어졌다. Lobert Letham, The

Westminster Assembly, 113,

그리스도가 율법을 완전하게 실천하여 얻으신 의로움이 믿는 자들에게 전가되어 칭의가 일어났다고 강력하게 믿는 회중교회파 청교도들과 그 사상에 동조하는 다른 청교도들이 자신들의 입장에서 좋을 대로 해석할 수 있게 하였다.

"그들이 믿음으로 그리스도와 그의 의를 받아들이고 의지할 때, 그의 순종과 만족(satisfaction, 속상(贖償))을 그들에게 전가시킴으로써인데, 그 믿음도 그들 자신에게서 난 것이 아니고 하나님의 선물이다."(웨스트민스터 신앙고백 11장 1항)

그러나 회중교회파 청교도 신자 크롬웰과 그의 명령을 따르는 군대가 모든 권력을 장악하고 난 후 가장 주도적인 위치에 서게 된 회중교회파 청교도들은 장로교회주의자들과 함께 만든 웨스트민스터 신앙고백을 버렸다. 그리고 자신들만의 신앙고백 사보이 선언(Savoy Declaration, 1658)을 별도로 작성하였다. 사보이 선언에는 그리스도가 아담이 지키지 못한 율법을 완전하게 실천하여 영생을 위한 자격을 획득했다는 비성경적인 능동순종 개념이 명확하게 기술되었다.

"그리스도의 전체 율법에 대한 능동적 순종과 그리

고 그들의 전체 의로움을 위한 그리스도의 수동적 순종의 전가에 의해 그들은 믿음으로 의롭다 함을 얻는다. 그 믿음은 그들 자신에게서 나온 것이 아니고 하나님의 선물이다." (Savoy Declaration(영문) 11장 1항 번역)

2-5. 올리버 크롬웰의 공화정(1649~1659) 시대

찰스 1세가 처형된 후 잉글랜드의 의회는 '잉글랜드 공화국'(Commonwealth of England)을 수립하였다. 영국의 역사상 처음이자 마지막인 공화정이 등장한 것이다.

그러나 피비린내 나는 크롬웰 군대의 정복 전쟁은 계속 이어졌다. 크롬웰은 가장 먼저 군대를 몰고 아일랜드로 진격하였다. 잉글랜드가 내전으로 인해 혼란스러울 때 아일랜드 사람들이 서서히 자리잡고 있던 종교개혁 교회를 말살하였기 때문이다. 아일랜드 사람들은 다시 로마교회로 회귀하려고 폭동을 일으켰고 개신교인 수천 명을 살해하였다. 그러므로 크롬웰이 군대를 몰고 아일랜드로 진격하지 않을 수 없었다.

그러나 그동안 쉬지 않고 이어진 전쟁으로 인해 심히 지쳐버린 일부 잉글랜드의 병사들이 파병을 거부하려고 폭동을 일으켰다. 크롬웰은 그들을 확실하게 진압

하여 모두 총살하였는데, 그 때문에 오히려 크롬웰의
권위와 지도력은 더 강화되어 잉글랜드를 강력하게 주
도하게 되었다.

크롬웰의 아일랜드 정복 전쟁에는 회중교회파 청교
도 신학의 황태자로 불리우는 존 오웬(John Owen,
1616~1683)이 종군 목사로 참전하여 크롬웰을 보좌
하였다. 다시 로마교회로 복귀하려는 아일랜드의 반
란 세력은 크롬웰 군대의 정복 전쟁으로 인해 완전히
궤멸되었다.

이때 아일랜드의 전체 인구의 1/4이 죽임을 당하였
으므로 지금까지 아일랜드 사람들에게 크롬웰은 악의
화신으로 남아있다.

1650년 7월 크롬웰은 아일랜드의 로마교회 반란 세
력을 정복한 후 곧 군대를 몰고 스코틀랜드로 진격
하여 한 번 더 확실하게 스코틀랜드를 점령하였다. 이
때 존 오웬도 역시 크롬웰 군대와 함께하였다.

찰스 1세를 죽이지 않고 왕으로 다시 옹립하려고 시
도했던 스코틀랜드의 장로교도들이 찰스 1세의 아들
찰스 2세를 국왕으로 옹립하였기 때문이다. 그들은
찰스 2세로부터 영국에 장로교회를 인정하겠다는 약
속을 받고 그를 국왕으로 선언하였다. 앞의 책, 122

전쟁 초기에는 스코틀랜드 군대가 우세하였으나 던바(Dunbar) 전투에서 크롬웰의 군대에게 대패하고 말았다. 크롬웰의 스코틀랜드에 대한 지배력은 더욱 확고해졌을뿐 아니라 스코틀랜드 장로교회는 많은 압박을 받게 되었다.

1651년 9월 스코틀랜드 사람들이 다시 왕을 옹립하기 위해 봉기하였으나 우스터(Worcester) 전투에서 크롬웰의 군대에 의해 완전히 궤멸되었다. 이로써 스코틀랜드 사람들의 왕을 옹립하려는 시도는 완전히 좌절되었다. 서요한, 『청교도 유산』, 102. 이때 찰스 2세는 황급히 프랑스로 도피하였고 이후 크롬웰이 죽을 때까지 영국 땅을 밟지 못하였다.

명실상부하게 영국의 최고 권력자가 되어 정국을 완전하게 주도하게 된 크롬웰은 1653년 잉글랜드 의회를 해산하고 1인 독재 시대를 개막하였다. 의회를 해산하게 된 근본적인 원인은 여전히 장로교회파 청교도 정치인들이 남아있어 회중교회파 청교도 신자들로 구성된 크롬웰

청교도 신학의 황태자 존 오웬

의 군부와 계속해서 국가의 정치와 교회의 제도와 신학에 관한 갈등이 일어났기 때문이다. 라은성,『이것이 교회사다: 가공된 진리』, 84.

크롬웰이 권력을 독점하였던 공화정 시대에 가장 고통스러운 시간을 경험한 사람들은 로마교회 사람들이었다. 그리고 국교회와 장로교회파 청교도들도 고통을 당하기는 마찬가지였다. 반대로 회중교회파 청교도 신자 크롬웰과 밀착된 회중교회파 청교도 목회자들과 신학자들은 그렇게 길지는 못했으나 다시는 맛볼 수 없는 최고의 시절을 경험하였다.

장로교회를 싫어했던 크롬웰의 예기치 않은 등장으로 인해 국교회를 제거한 후 전체 영국에 하나의 청교도 교회를 세우고자 스코틀랜드 장로교회와 잉글랜드의 장로교회파 청교도들과 잉글랜드 회중교회파 청교도들이 5년에 걸쳐 1,000회 이상의 회의를 통하여 완성한 웨스트민스터 신앙고백은 채택되고 단 하루도 제대로 쓰여지지 못하고 어둠에 묻히고 말았다.

2-6. 찰스 2세(Charles II, 1660~1685년 재위)의 왕정복고 시대

1658년 크롬웰이 죽자 그의 아들 리처드가 아버지의

자리를 물려받았다. 그러나 리처드는 아버지만큼의 정치적 역량을 갖추지 못하였으므로 그 자리를 오래 유지할 수 없었다.

1659년 5월 군부와 왕당파가 함께 반역을 일으켜 크롬웰의 호국경 자리를 물려받은 리처드를 축출하였다. 그러나 곧바로 군 내부의 권력투쟁이 일어났다. 1659년 10월 크롬웰의 부하였던 존 램버트가 쿠데타를 일으켜 권력을 장악하고 의회를 해산하였다.

프랑스에서 망명 중이었던 찰스 2세를 불러 왕으로 옹립하여 영국에서 왕정복고가 이루어지게 만든 사람은 조지 몽크 장군이었다.

몽크는 원래 찰스 1세를 지지하는 왕당파에 속했던 사람이었다. 그러나 잉글랜드 내전이 시작될 때 입장을 바꾸어 크롬웰의 부하가 되어 왕당파를 물리치는 데 가담하였다. 몽크는 이후 군대와 함께 스코틀랜드에 주둔했는데 크롬웰이 죽고 혼란이 일어나자 다시 왕당파와 손을 잡았다.

1660년 1월 몽크는 스코틀랜드에서 자기 휘하의 군대를 몰고 잉글랜드로 남하하여 런던을 장악하였다. 램버트를 감옥에 가두었고, 그해 3월 크롬웰이 해산한 의회를 다시 소집하였고 크롬웰의 공화정 동안 배

찰스 2세

제되었던 장로교회파 의원들과 왕당파 의원들이 다시 의회에 진출하게 만들었다. 라은성, 『이것이 교회사다: 가동된 진리』, 124. 1660년 5월 의회는 왕정복고를 결의하였다. 앞의 책. 1660년 5월 프랑스에서 귀국하는 찰스 2세를 런던의 시민들이 환영함으로 크롬웰에 의해 종식되었던 영국의 왕정복고가 실현되었다.

크롬웰에 의해 단두대에서 처형된 찰스 1세의 아들 찰스 2세가 왕으로 복위되었으므로 크롬웰과 친밀했던 존 오웬 등의 회중교회파 청교도들의 안위도 위태롭게 되었다.

1661년 1월 30일 찰스 2세는 웨스트민스터 사원에 안치되었던 크롬웰의 시신을 꺼내어 목을 자르고 몸을 난도질하였다. 크롬웰의 목은 창끝에 달려 런던의 시가지에 25년 동안 효수되었고 이후 세상의 여러 곳을 떠돌다가 300년 후에 다시 그의 관으로 돌아오게 되었다. 앞의 책.

안타까운 사실은 1661년 5월 29일 프랑스에서 귀국한 찰스 2세를 모시고 웨스트민스터 사원으로 가는 행렬에 장로교회 사람들이 가담하여 앞장섰다는 것이다. 장로교회파 교인들이 누구 보다 앞장서서 찰스 2세의 귀국을 환호하였다. D. M. LLoyd-Jones, The Puritans: Their Origins and Successors, 57.

1650년 찰스 2세가 스코틀랜드 언약도들에 의해 잠시 왕으로 옹립되었었는데, 그때 스코틀랜드의 장로교회를 인정하겠다고 약속한 적이 있었기 때문이다.

스코틀랜드 장로교회 신자들은 크롬웰의 군대에 패배하여 프랑스로 망명하였던 찰스 2세가 왕으로 옹립하면 장로교회가 인정될 것이라고 기대하였다.

왕이 된 찰스 2세는 초기에 잠시 장로교회를 인정하는 듯한 자세를 보였다. 그러나 영국의 복잡한 정치와 종교적 상황 속에서 자신의 왕권 안정을 위해 국교회를 지지해야 한다고 판단하고 국교회의 감독주의를 공식적으로 지지하는 쪽으로 선회하였다. 서요한, 『청교도 유산』, 105.

스코틀랜드 언약도들이 장로교회를 인정받기 위하여 태생적으로 국교회와 함께 할 수밖에 없는 왕을 복위시키는 데 앞장섰다는 것은 참으로 어리석은 일이었다. 왕정복고와 함께 국왕으로 옹립된 찰스 2세는 1662년에 통일령(Act of Uniformity)을 반포하였다.

통일령이란 영국 국교회의 예배와 기도의 의식 등을 통일시키기 위해 국가적 차원에서 공표된 것인데, 에드워드 6세 때에 두 번(1549년, 1552년), 엘리자베스 여왕 때 한번(1559년), 그리고 찰스 2세 때 마지막으로 공표되었다.

1662년 찰스 2세의 통일령으로 인해 청교도 개혁운동 목회자들 2,000명이 가족들과 함께 영국 국교회로부터 추방되었다. 그것으로 청교도 개혁운동은 영국에서 종말을 고하였다. 청교도들을 영국 국교회로부터 완전히 추방하였으므로 '방출 법령'(the Act of Ejection)이라고도 한다. 앞의 책, 249.

영국의 청교도 개혁운동은 찰스 2세의 왕정복고와 함께 종식되었다. 이때부터는 청교도라는 용어는 사용되지 않았고 대신 '비국교도'(非國敎徒, English Dissenters) 또는 '국교회 체제에 순응하지 않는 사람'(nonconformist)이라고 불리워졌다.

이때 영국의 회중교회파 청교도들은 종교의 자유를 찾아 더 많이 대서양을 건너 신대륙 미국에 정착하여 회중교회를 세웠다. 이 상황을 로이드 존스(David Martyn Lloyd-Jones, 1899~1981)는 다음과 같이 말하였다.

"1662년 2,000명에 달하는 사람들이 희생당하고

183

생활 터전에서 추방되는 일을 당하게 됩니다. 이 전에는 일종의 비국교도가 하나도 없었습니다. 그러나 이제는 공식적인 비국교도가 생겨난 것입니다. 청교도주의는 영국 국교회에 존재하지 않게 되었습니다. …(중략)

영국 국교회에 속에 청교도주의를 심으려는 시도는 완전히 실패로 끝났습니다. 그러나 이 문제가 실질적으로 결론 지어진 것은 1663년입니다. 그동안 필그림 파더들은 지금의 미국으로 건너갔습니다. … 그들은 회중교회를 형성하였습니다." D. M. LLoyd-Jones, The Puritans: Their Origins and Successors, 255.

이때부터 영국에서는 국교회 하나만 인정되었다. 스코틀랜드 장로교회(언약도), 잉글랜드 장로교회파 청교도, 그리고 잉글랜드 회중교회파 청교도들이 국교회를 제거하고 영국에 하나의 개혁된 교회를 세우기 위해 치열하게 논쟁하면서 만들어 낸 웨스트민스터 신앙고백서는 단 하루도 제대로 쓰여지지 못하고 그대로 사장되었으니 사람이 예측할 수 없는 하나님의 섭리와 작정이라 인정하지 않을 수가 없다.

웨스트민스터 총회의 신학에 대하여 탁월한 연구를 수행하였던 래담 박사는 웨스트민스터 신학자들의 수고가 완전한 실패로 끝나버린 상황에 대해 다음과 같이 말하였다.

"웨스트민스터 총회가 목표하였던 것에 비추어 볼 때 웨스트민스터 총회의 신학자들의 수고가 아무런 의미가 없게 되고 말았다는 것은 정말 끔찍스러운 사실이었다." Robert Letham, The Westminster Assembly, 47.

웨스트민스터 신앙고백은 1688년 명예혁명이 일어나 종교의 자유가 보장되자 다시 살아난 스코틀랜드 장로교회에 의해 사용되기 시작하였다. 그러나 그 속의 장로교회 신앙과 맞지 않는 내용들, 즉 칼빈주의와 다른 청교도주의를 발전시킨 회중교회파 청교도들이 절대로 포기하지 못하는 비성경적인 신학 요소들을 걸러내는 작업이 이루어지지 않았다.

로이드 존스

그리하여 전체적으로는 아주 훌륭한 내용들이지만 행위언약 개념이 삽입됨으로 인해 장로교회가 장로교회 신앙의 표준문서로 인해 어려움을 당하는 불행한 상황이 벌어지게 되었다.

한눈에 들어오는
청교도 개혁운동

책을 덮으며

영국에서 일어난 청교도 개혁운동의 원인과 발전 과정을 요약해 보자.

1. 청교도 개혁운동의 전기

잉글랜드 왕 헨리 8세(1491~1547) 때부터 잉글랜드 여왕 엘리자베스(1533-1603)의 통치 전반기(1580년대 말 또는 1590년대 초)까지가 청교도 개혁운동의 전기이다. 영국의 청교도 개혁운동은 헨리 8세의 애매한 종교개혁으로 인하여 탄생된 잉글랜드 국교회를 더 확실한 종교개혁 교회로 바꾸기 위한 제2의 개혁운동이었다.

헨리 8세는 자신의 재혼을 위한 정치적인 동기로 잉글랜드 교회를 로마교황청으로부터 분리시켰다. 그리고 로마교회의 교황처럼 자신이 잉글랜드 교회의 수장이라고 선포하였다. 그렇게 탄생된 잉글랜드 국교회 속에는 여전히 로마교회의 신학적인 요소들이 많이 있었다.

시간이 지나면서 잉글랜드 국교회 성직자들은 점차두 부류로 갈라지기 시작하였다. 한 부류는 잉글랜드 국교회의 신학과 제도에 만족하는 성직자들이었다. 또 한 부류는 국교회를 더 온전하게 개혁하여 칼빈이 유럽에서 실현한 장로교회처럼 만들자고 주장하는 개혁파 성직자들이었다.

국교회의 신학과 제도에 만족하며 충성하는 성직자들은 점점 국왕과 긴밀하게 밀착되었다. 국왕은 자신의 권력과 통치력을 강화하기 위해 자신이 직접 고위 성직자들을 임명할 수 있는 국교회 체제를 적극적으로 후원하였다. 엘리자베스 여왕 때에 그 현상이 더욱 심하게 나타났다.

1560년대의 제의논쟁, 즉 잉글랜드 국교회 성직자들의 복장이 여전히 로마교회 사제들의 복장과 비슷하였으므로 성직자 '의복 개혁' 문제로 양측이 첨예하게 대립하였다. 더 온전한 개혁을 원하는 국교회 내부의 개혁파 목회자들이 여왕과 국교회 주교들의 단합된 힘을 이길 수 없었다. 개혁파 목회자들이 힘을 다해 싸우고 저항하였으나 표결에서 단 한 표의 차이로 패배하였다. 그래서 이후 엘리자베스 여왕이 더욱 국교회 중심 정책을 펼치게 되었다.

제의논쟁이 뜨겁게 진행되고 있는 동안 '청교도'(Puritans, 청결한 사람들)라는 용어가 국교회 측에서 대두되었다. 국교회 측을 대표하는 캔터베리 대주교 조지 파커가 국교회 신앙을 변증하기 위해 저술한 논문 속에서 개혁파 목회자들을 청교도라고 표현하였다. 이때부터 청교도라는 용어가 역사 속에 정착되었다.

1570년대에는 청교도 목회자들과 국교회와 국가의 관계가 더욱 멀어져 버렸다. 국교회 성직자이고 케임브리지대학의 교수였던 토마스 카트라이트로부터 장로교회 개혁안이 주장되었기 때문이다. 국교회 체제를 유럽에서 이미 정착된 칼빈의 장로교회 체제로 전환시키자는 개혁안이었다. 카트라이트로부터 시작된 장로교회 개혁운동에 국교회의 다수의 목회자들이 동조하였다.

그 일은 엘리자베스 여왕과 국교회 주교들에게 상당한 충격을 주었다. 칼빈의 장로교회 사상과 장로회 체제가 잉글랜드에 정착되면 필연적으로 국교회의 감독체제가 무너지기 때문이었다. 더불어 국교회 주교들을 임명하는 여왕의 권력도 흔들리게 되기 때문이었다.

그래서 왕과 국교회 감독들은 더욱 밀착하였고 더욱 강력하게 청교도들을 핍박하였다. 카트라이트는 인생의 많은 시간을 외국에서 도피하여 살아야만 했으므로 존 필드, 토마스 윌콕스 등의 그의 제자들이 장로교회 개혁운동을 이끌었다. 그러나 엘리자베스 여왕이 청교도 개혁운동의 뿌리를 뽑기 위해 캔터베리 대주교 자리에 임명한 존 위트기프트에 의해 청교도들은 크게 위축되었다. 결국 장로교회 제도의 도입을 주장하는 청교도들의 개혁안은 1580년대 말에 이르러 완전히 뿌리뽑히게 되었다.

　여기까지가 영국의 청교도 개혁운동의 전기이다. 이 시기에는 청교도들의 고유한 신학이라고 할 내용이 발전되지 않았다. 헨리 8세의 재혼 문제로 촉발된 정치적 종교개혁으로 탄생된 잉글랜드 국교회를 더 온전하게 개혁하자는 것이 청교도의 주장이었다. 청교도들이 유럽에서 먼저 정착된 칼빈의 장로교회 제도를 본받자고 주장하였으므로 청교도 개혁운동의 전기는 칼빈의 영향에서 벗어나지 않았다고 할 수 있다.

2. 청교도 개혁운동의 후기

　청교도 개혁운동의 후기는 엘리자베스 여왕의 통치 후반기(1580년대 말 또는 1590년대 초)부터 시작되었다. 그리고 찰스 2세 때 청교도 개혁운동을 불법으로 규정한 '방출법령'이 공표된 1662년까지이다. 방출법령으로 약 2,000명의 청교도 목회자들이 국교회로부터 추방되어 실질적으로 영국에서 청교도 개혁운동이 종식되었다. 그때부터 청교도라는 용어는 사용되지 않았고, 대신에 '비국교도'라고 불리워지게 되었다.

청교도 개혁운동의 후기의 특징은 크게 세 가지이다. 첫째, 청교도 개혁운동 내부에서 특징을 달리하는 여러 종파들이 형성되었다는 것이다. 둘째, 청교도 개혁운동의 독특한 신학이 발전되었다는 것이다. 셋째, 잉글랜드에서 시작된 청교도 개혁운동의 무대가 전체 영국으로 확대되었다는 것이다.

1) 청교도 개혁운동 종파들

A. 분리파 청교도

국교회에 더 이상의 소망이 없다고 판단하고 새로운 청교도 개혁교회를 세우는 분리주의 청교도들의 개혁운동이 전개되었다. 분리파 청교도들은 먼저 화란으로 망명하여 자신들이 원하는 대로 국교회와 정반대되는 교회 통치제도를 추구하는 회중교회를 세웠다.

회중교회는 모든 교회 구성원들이 동등한 자격을 가지고 자발적으로 교회 운영에 참여하는 일종의 교

회 민주주의 정치를 구현하는 교회이다. 분리파 청교
도들은 교인들 한 사람 한 사람이 교회 운영의 주체
가 되게 만들기 위해 교회 회원이 되기 전에 교인으로
서 신앙의 책임과 의무를 다하겠다고 전체 회중 앞에
서 서약하는 '교회언약'을 중시하였다.

영국의 고향을 떠나 화란에서 회중교회를 세우고
신앙 생활했던 분리파 청교도들은 얼마 후 대서양을
건너 신대륙으로 이주하는 길을 선택하였다. 그들이
천신만고 끝에 도착한 신대륙에서 세운 교회들도 모
두 회중교회이었다.

그런데 신대륙에 정착한 분리파 청교도들은 안타깝
게도 비성경적인 회심준비론을 발전시키는 데 주력하
였다. 그리고 그것을 교회에 목회에 적용하려고 힘을
다하였다. 그들은 교회의 회원이 되는 과정에 비성경
적인 회심준비론에 입각한 개인의 회심 간증을 중요하
게 요구하였다. 그러나 시간이 지나고 신대륙에서 태
어난 청교도들의 후손들은 회심준비론에 입각한 신앙
고백으로 교인 자격을 얻고 성찬식에 참여하게 만드
는 무거운 청교도 신앙의 멍에를 더 이상 짊어지기를
원치 않았다.

그래서 부득이(不得己) 신대륙의 청교도들은 '중

도언약'(Half-Way Covenant)이라는 개념을 만들어서 회심준비론에 입각하여 구원 간증을 못 하는 사람들을 교인도 아니고 불신자도 아닌 중간상태로 규정하고, 그들의 자녀들에게 유아세례를 베풀기 시작하였다. 이상웅,『조나단 에드워즈의 성령론』, 98-99

그리고 얼마 후부터는 성찬식이 신앙 성장의 수단이 될 수 있다는 이론 하에 교회에 나오는 모든 사람들이 자동적으로 교인 자격을 얻고 성찬식에 참여하도록 허락하였다. Jeorge M. Marsdan, Jonathan Edwards: A Life, 30-31.

두 번이나 큰 부흥을 일으킨 신대륙의 마지막 청교도 조나단 에드워즈(Jonathan Edwards, 1703-1755)도 철저한 회심준비주론 목회자였다. C. C. Goen 편집,『조나단 에드워즈 전집 7권: 부흥론』, 193-258. 에드워즈는 거짓된 성령운동 요소가 많았던 자신의 대부흥(the Great Awakening, 1743-44) 경험을 통해 신대륙의 청교도들에게 이미 흘러간 물결이 되어버린 회심준비론 신앙을 다시 부흥시키려는 망상을 가지게 되었다.

그러나 그의 설교를 24년 이상 들었던 교인들은 다시 회심준비론 관점의 구원 간증이 요구되는 교인자격심사 과정이 되살아나는 것을 원하지 않았다. 일반적으로 에드워즈가 24년 이상 목회하면서 놀라운 부흥을 두 번이나 일으킨 노스햄프턴교회(Northampton Church) 신자들 90% 이상이 그를 추방하는데 가담한 이유가 성찬식 논쟁 때문이었다고 한다.

실제로 1748년에 에드워즈가 교인들에게 성찬식 참여 자격을 강화하자고 말함으로 갈등이 시작되었다. 에드워즈의 주장은 그의 전임 목회자의 신학과 목회 정책을 한순간에 전복하는 것이었다. 교인들은 자신들에게 회심준비론의 엄격한 기준을 적용하지 않고 교인 자격을 얻게 하여 성찬식에도 참여할 수 있게 한 전임자의 목회 정책을 취소하려는 에드워즈에게 극도의 반감을 가지기 시작하였다. Jeorge M. Marsdan, Jonathan Edwards: A Life, 346

그러므로 에드워즈가 교인들로부터 미움을 받고 추방당한 이유는 단지 성찬식 문제가 아니라 성찬식에 참여하게 만드는 자격, 즉 회심준비론 관점의 회심체험 여부의 문제이었다. 에드워즈의 주장은 신대륙 초기의 조상들처럼 회심준비론 관점에서 자신의 회심을 확신 있게 간증할 수 있는 사람에게만 성찬에 참여할 자격을 주자는 것이었다.

그러나 교인들은 감당할 수 없어 이미 버린 그 무거

운 멍에를 다시 강요받고 싶지 않았다. 그래서 에드워즈를 교회에서 추방해 버린 것이다. 신대륙에서 전개된 청교도들의 목회와 에드워즈의 부흥 운동에서 나타난 문제점들에 대해서는 다음의 책에서 자세하게 다루어지게 될 것이다.

B. 장로교회파 청교도

장로교회파 청교도들의 개혁운동은 청교도 개혁운동 후기에서 새로 등장한 것이 아니다. 이미 청교도 개혁운동 전기에서 장로교회파 청교도들이 가장 먼저 나타났었다. 그러나 엘리자베스 여왕과 국교회의 탄압으로 인해 표면적으로 종식되었으나 사실은 수면 아래로 가라앉았던 것이다.

당시 잉글랜드의 청교도들은 모두 국교회 성직자들이었다. 장로교회 제도의 도입을 주장하는 개혁안이 완전히 좌절되자 소수는 국교회를 떠나 새로운 교회를 설립하는 길을 택하였다. 그러나 대부분의 청교도들은 그대로 국교회 성직자로 남는 길을 택하였다. 국교회의 성직자로 남는 청교도들 대부분이 여전히 장로교회 설립을 추구하는 자들이었다.

그러나 더 이상 국왕과 국교회 주교들과 대립할 수 있는 힘이 없었으므로 장로교회 사상을 포기한 것처럼 행동해야만 하였다. 국교회의 성직자로 남는 길을 택한 청교도들 대부분이 그런 사람들, 즉 장로교회에 대한 꿈을 버리지 않았던 사람들이었다. 그래서 훗날 '청교도혁명'이라고도 불리우는 잉글랜드 내전이 일어났을 때 국교회를 제거하기 위해 앞장선 정치인들과 성직자들 거의 대부분이 장로교회파 청교도들이었다.

C. 국교회파 청교도

국교회파 청교도들도 과거에는 국교회를 장로교회로 전환시키려는 개혁운동에 가담했던 사람들이었다. 그러나 1580년대 말 장로교회 운동이 실질적으로 말살되었을 때 이들도 새로운 진로를 택해야만 하였다. 장로교회 사상을 버리지 못하는 다수가 국교회에 남았던 것처럼, 이 소수의 청교도들도 그대로 국교회에 남았다.

그러나 이들은 더 이상 국교회를 장로교회로 바꾸려는 마음을 가지지는 않았다. 이들은 전혀 새로운 방향의 개혁운동의 길을 모색하였다. 이들은 매우 소수였는데, 그 대표적인 인물이 윌리엄 퍼킨스였다.

퍼킨스는 교회 정치제도와 세상 정치에 관심을 두지 않았다. 그는 국왕과 국교회 주교들의 신경을 예민하게 자극하는 일을 피하였다. 조용하고 자연스럽게 잉글랜드 국교회를 개혁하는 새로운 전략을 개척하는 일에만 몰두하였다. 그것은 잉글랜드 국민 각 사람이 자기의 구원을 위해 경건하게 살고 하나님께 헌신하게 만드는 새로운 개인적 경건주의 개혁운동이었다. 퍼킨스와 그의 제자들은 주일성수 운동, 설교 사역, 출판 사역에 거의 올인하였다. 청교도들의 독특한 신학이 바로 이들로부터 시작되었다.

D. 독립파 청교도

독립파 청교도들의 개혁운동은 원래 분리파 청교도들의 개혁운동에 가담했던 국교회 청교도 헨리 제이콥스로부터 시작되었다. 제이콥스는 분리파들의 거의 모든 사상과 주장에 동의했으나 국교회를 버리고 떠나는 것은 옳지 않다고 보았다. 그래서 다시 국교회 성직자로 복귀하였고 국교회 안에서 감독들의 통치를 받지 않는 독립된 회중교회 운동을 시작하였다. 국교회 속에서도 독립된 교회를 시도하였으므로 독립파 청교도 개혁운동이다.

퍼킨스의 새로운 개혁운동 신학을 추종했던 국교회
파 청교도들이 조금 나중에 등장한 제이콥스의 국교
회 속의 독립된 회중교회 운동에 모두 동의하였다.

그래서 이후 퍼킨스의 후배들과 제이콥스의 후배
들이 서서히 하나가 되었다. 웨스트민스터 총회 당시
'독립파'로 불리워졌던 청교도들이 바로 그들이었다.
웨스트민스터 총회 때 독립파는 신학적으로는 퍼킨스
의 사상을, 그리고 교회 정치에서는 제이콥스의 회중
교회 사상을 가진 청교도들이었다.

2) 청교도 개혁운동의 신학

청교도 개혁운동의 독특한 신학은 국교회파 청교도
퍼킨스로부터 시작되었다. 국교회의 체제와 조직을 바
꾸는 개혁, 즉 장로교회로 전환시키려는 개혁이 좌절
된 후 퍼킨스는 왕과 국교회 주교들과 충돌하지 않
는 개혁의 길을 찾아내었다. 그것은 각 사람이 자기의
구원을 위해 스스로 노력하고 헌신하게 만드는 개인
적 경건주의 개혁운동이었다.

국교회 주교들의 일방적 명령에서 벗어나 국민 각
사람이 자기의 신앙을 스스로 다 잡고 하나님께 충성
하게 만들었다. 그래서 국교회 체제가 저절로 무너지

게 만드는 전략이었다. 각 사람이 자기의 구원을 위해 하나님 앞에서 경건하고, 하나님께 헌신과 충성을 다 하도록 요구하는 신학적 패러다임이 필요하였다.

그래서 청교도 개혁운동 속으로 도입된 것이 퍼킨스 의 행위언약이다. 퍼킨스가 본격적으로 도입한 행위언 약은 아담이 완전히 경건하고 순종하면 하나님이 그 의 하나님이 되시고 그에게 영생을 주기로 약속하였다 는 비성경적인 언약 개념이다.

퍼킨스가 도입한 언약 사상은 기독교의 구원이 신인 협력에 의해 만들어지는 것으로 왜곡하는 나쁜 사상 이다. 처음에 국교회를 개혁하려는 영국 청교도들의 시도는 칼빈의 신학적 영향 안에서 시작된 일이었다. 그러나 각 사람이 자기의 구원을 위하여 스스로 노력 하게 만드는 퍼킨스의 언약 신학은 칼빈의 종교개혁 신학에서 벗어나는 위험한 시도이었다.

행위언약 개념은 우리의 구원을 위해 대신 행위언약 을 완성하는 구세주의 등장을 요구한다. 즉, 율법을 완전하게 지켜서 먼저 영생의 자격을 취득하는 거짓된 그리스도의 능동순종 교리를 유발시켰다. 그리고 행 위언약을 완성한 그리스도를 믿는 자들에게 구원을 주는 은혜언약 개념을 탄생시켰다.

결국 퍼킨스와 청교도들에 의해 성경이 가르치는 '첫 언약'과 '새 언약' 개념은 와해되었다. 퍼킨스의 신학의 나쁜 결과는 그뿐이 아니다. 신약의 백성들이 은혜언약으로 이동되어 구원받기 위해서 먼저 행위언약의 저주받은 상태를 인식하게 만들어야 한다는 주장이 당연시되었다.

그리하여 청교도들은 교회 안과 밖의 사람들에게 그리스도의 복음을 먼저 선포하지 않고 구약의 저주의 율법을 먼저 말하였다. 교회에 나오는 사람들에게 구약의 무서운 율법을 준수하라고 요구하였고, 율법에 합당하지 못하는 자신에 대한 하나님의 진노를 알라고 윽박질하였다. 이것이 바로 청교도들의 목회의 핵심인 회심준비론 목회이다.

회심준비론 목회는 교회에 나오는 사람이 먼저 복음에 감격 되는 것을 막고, 대신 율법의 요구에 이르지 못하는 죄악 된 상태를 깨달아 절망하게 만든다. 그리고 율법의 요구를 대신 완성하신 그리스도의 능동순종의 공로, 그리고 죄인이 받아야 할 형벌을 대신 받으신 그리스도의 수동순종의 공로를 사모하게 만드는 것이다.

그런데 청교도 회심준비론 목회자들은 신자들이 즉

시 그리스도를 믿음으로 죄용서 받아 구원을 보장받
게 하지도 않았다. 그리스도의 두 가지 공로, 능동순
종의 공로와 수동순종의 공로의 적용은 오직 하나님
의 주권에 속하였다고 강조하였다. 그래서 자기의 죄
악과 지옥에 가야 하는 비참한 운명을 깨달은 신자들
은 하나님이 그리스도의 공로를 적용하여 주시는 회
심의 은혜가 임할 때까지 교회에 다니면서, 기도하고,
회개하고, 예배드리고, 성경을 공부하면서 기다려야만
하였다. 이것이 회심준비론 목회이다.

퍼킨스의 새로운 신학으로 인해 이와 같이 기독교
신앙과 목회가 변질되었다. 그런데 문제는 퍼킨스에게
서 시작된 이런 사상들이 잉글랜드 국교회파 청교도들
에게만 머물지 않았다는 것이다.

퍼킨스와 그의 후배들이 출판 사역에 전념하였으므
로 그들의 사상이 수많은 책들로 인쇄되었다. 그리고
잉글랜드의 장로교회파 청교도들과 스코틀랜드 장로
교회 목회자들과 신학자들에게 전파되었다. 퍼킨스에
게서 시작된 행위언약 사상은 잉글랜드와 스코틀랜드
의 장로교회주의자들에게도 쉽게 수용되었다. 그러나
능동순종 사상과 회심준비론 사상은 행위언약 개념처
럼 장로교회주의자들에게 호응을 크게 얻지 못하였다.

그 흔적이 웨스트민스터 신앙고백에서 나타난다.

3) 청교도 개혁운동과 전체 영국

엘리자베스 여왕의 죽음으로 잉글랜드에 국한되었던 청교도 개혁운동이 전체 영국으로 확대되었다. 아일랜드와 웨일즈가 이미 잉글랜드에 복속된 상태이었다. 그래서 잉글랜드의 청교도 개혁운동은 잉글랜드, 아일랜드, 웨일즈, 이 세 나라를 배경으로 진행되었다고 보아야 한다.

그런데 엘리자베스 여왕이 뒤를 이을 자식이 없는 상태로 죽었다. 일찍 장로교회가 발달한 스코틀랜드의 왕 제임스 6세가 엘리자베스의 뒤를 이어 잉글랜드를 통치하게 되었다. 제임스 6세의 핏속에 엘리자베스의 할아버지 피가 흐르고 있었기 때문에 가능한 일이었다.

제임스 6세는 제임스 1세로 개명한 후 스코틀랜드와 잉글랜드, 이 두 나라를 다스리는 왕이 되었다. 사실상 잉글랜드, 스코틀랜드, 웨일즈, 아일랜드를 다스리는 왕이 된 것이다. 제임스 1세는 스코틀랜드에서 장로교회 배경의 교육을 받으며 성장했음에도 노골적으로 국교회를 옹호하였다. 오직 국교회 하나만을 국가 종교로 만들고자 노력하였다.

그 때문에 결국 스코틀랜드 장로교회 신자들과 제임스 1세의 군대 사이에 전쟁이 벌어지게 되었다. 스코틀랜드 장로교회 신자들은 장로교회 신앙을 지키기 위해 부득이(不得已) 잉글랜드의 청교도들과 협력하게 되었다. 그래서 스코틀랜드의 장로교회의 역사도 영국의 청교도 개혁운동의 역사 속으로 들어오게 되었다. 그리고 스코틀랜드 장로교회가 잉글랜드 청교도들과 힘을 합하여 웨스트민스터 신앙고백을 작성하게 되었다.

맺는말

청교도 개혁운동에 대한 더 정확한 이해를 제공하는 연구가 아직도 많이 부족하다. 청교도 개혁운동의 역사에 대한 외국의 많은 자료들은 수집하였으나 그 신학적 의미를 바르게 해석하지 못하는 상태의 연구들이 주를 이루고 있다. 이제 필요한 것은 그때 청교도들이 무엇을 하였는가에 관한 연구가 아니다. 청교도들의 신학과 사상이 성경적 기독교 신앙에 어떤 기여를 하였는지에 대해 정밀하게 연구하여야 한다.

앞으로 계속하여 청교도 개혁운동의 종파들의 특징과 발전 과정을 다루는 책, 웨스트민스터 신앙고백의 역사적 배경과 내력을 다루는 책, 그리고 대서양을 건너 신대륙에 정착한 청교도들의 특징을 살펴보는 책을 내놓으려고 한다.

한눈에 들어오는
청교도 개혁운동

[참고문헌]

- 1장 -

김재성. 청교도, 사상과 경건의 역사. 생명의 말씀사. 2020.

라은성. 이것이 교회사다: 진리의 재발견. PLT. 2015.

서요한. 청교도유산. 그리심. 2016.

양낙흥. 조나단 에드워즈 생애와 사상. 부흥과개혁사. 2017.

원종천. 청교도 언약사상: 개혁운동의 힘. 대한기독교서회. 2018.

제임스 패커. 청교도 사상. 방영호 역. 기독교문서선교회. 2012.

Letham Robert. The Westminster Assembly. Phillipsburg, NJ: P&R Publishing, 2009.

LLoyd-Jones D. M. The Puritans: Their Origins and Successors. Carlisle, PA: The Banner of Truth Trust, 2016.

- 2장 -

김재성. 청교도, 사상과 경건의 역사. 세움북스. 2020.

라은성. 이것이 교회사다: 가공된 진리. PLT. 2018.

라은성. 이것이 교회사다: 진리의 재발견. PLT. 2015.

멀러 리차드 A., 워드 로우랜드 S. 웨스트민스터 총회의 실천. 곽계일 역. 개혁주의 신학사. 2014.

박윤선. 계시의존사색. 영음사. 2015.

서요한. 청교도유산. 그리심. 2016.

서요한. 언약사상사. 기독교문서선교회. 1994.

서철원. 신학서론. 쿰란출판사. 2018.

서철원. 인간론. 쿰란출판사. 2018.

서철원. 하나님의 구속경륜. 총신대학교 출판부. 1996.

안상혁. 언약신학: 쟁점으로 읽는다. 영음사. 2016.

양낙흥. 조나단 에드워즈 생애와 사상. 부흥과개혁사. 2017.

양신혜. 베자, 교회를 위해 길 위에 서다. 익투스. 2020.

오덕교. 청교도 이야기. 이레서원. 2013.

원종천. 청교도 언약사상: 개혁운동의 힘. 대한기독교서회. 2018.

웨스트민스터 신앙고백(한글 번역본)

칼빈 존. 기독교강요. 김충호 역. 한국출판사. 2000.

프롱크 코르넬리스. 도르트신조 강해. 황준호 역. 그 책의 사람들. 2015.

헤르만 바빙크. 찬송의 제사. 박재은 역. 다함. 2020.

A Declaration of the Faith and Order owned and practiced in the Congregational Churches in England(1658)

Beeke Joel R. Beeke, and Jones Mark. A Puritan Theology. Grand Rapids, MI: Reformation Heritage Books, 2012.

Emerson Everett H. English Puritanism from John Hooper to John Milton. Durham, N. C. : Duke University Press, 1968.

Letham Robert. The Westminster Assembly. Phillipsburg, NJ: P&R Publishing, 2009.

LLoyd-Jones D. M. The Puritans: Their Origins and Successors. Carlisle, PA: The Banner of Truth Trust, 2016.

Perkins William, "A Golden Chain: or, the Description of Theologie: Containing the Order of Cause of Saluation and Damnation, according to Gods Word." The Works, Vol 1.

Peter Clark, English Provincial Society from the Reformation to the Revolution: Religion, Politics, and Society in Kent, 1500-1640. Hassocks: Harvester press, 1977.

– 책을 덮으며 –

이상웅. 조나단 에드워즈의 성령론. 부흥과개혁사. 2013.

Goen C. C. 편집. 조나단 에드워즈 전집 7권: 부흥론. 양낙홍 역. 부흥과개
혁사. 2005

Marsdan, Jeorge M. Jonathan Edwards: A Life. New Haven &
London, Yale University Press, 2003.

한눈에 들어오는
청교도 개혁운동

한눈에 들어오는 청교도 개혁운동

초판 인쇄 | 2021년 7월 30일
초판 발행 | 2021년 7월 30일

지은이 | 정이철
펴낸곳 | 도서출판 다움
등록번호 | 제 385-2016-000020호
등록일자 | 2016. 5. 6.
주　소 | 서울시 강남구 언주로 608 3층(논현동)
전　화 | 02-540-1691

정　가 | 13,000원
ISBN | 979-11-968192-1-7

파본은 교환해 드립니다.
이 출판물은 저작권 법에 의해 보호를 받는
저작물이므로무단 복제 할 수 없습니다.
독자의 의견을 듣습니다.

truth50691@hanmail.net